KiWi
Paperback

KiWi

636

Über das Buch

Im Februar 1986 schneit es in Rom, und ein paar Monate später berichtet die Zeitung, dass ein Mann einen Passanten auf der Straße mit Schneebällen beworfen hat, daraufhin ins Gefängnis gekommen ist und dort Selbstmord begangen hat. Ein deutscher Schriftsteller wird neugierig, beginnt zu recherchieren, sitzt ganz schnell selbst im Gefängnis und löst eine diplomatische Krise zwischen Italien und Deutschland aus. Eine unglaubliche Geschichte …

Es hat sich herumgesprochen, dass Mario Adorf, Deutschlands bekanntester und beliebtester Schauspieler, auch ein meisterhafter Erzähler ist. Jetzt gibt es endlich einen neuen Band voller Überraschungen – hinreißende Geschichten, in denen Mario Adorf seine Leser in den tiefen Süden Italiens und nach Rom, Paris, Aix en Provence, Hongkong und Südamerika entführt.

Manchmal berichtet Mario Adorf über wahre Ereignisse aus seinem Leben oder über Kollegen und Freunde, die man ganz anders kennt, manchmal sind die Geschichten die reinste Erfindung – und manchmal weiß man es nicht so genau. So erfährt man in diesem Buch auf höchst unterhaltsame Weise auch viel Neues und Unerwartetes über ein ganz unvergleichliches Schauspielerleben.

Der Autor

Mario Adorf, geboren 1930 in Zürich, Kindheit und Jugend in Mayen in der Eifel, studierte Philologie und Theaterwissenschaft. 1953–1955 Otto-Falckenberg-Schule in München, bis 1962 an den Münchner Kammerspielen. Theater- und Filmschauspieler. Seitdem ca. 100 Filme im In- und Ausland und Arbeit am Theater.

Weitere Titel bei K & W

»Der Mäusetöter«, 1992.
»Der Dieb von Trastevere«, 1994.
»Der Fenstersturz«, 1996.
»Der römische Schneeball«, 2000.

Mario Adorf

Der römische Schneeball

Wahre und erfundene Geschichten

Kiepenheuer & Witsch

1. Auflage 2001

Umschlaggestaltung: Barbara Thoben, Köln
Umschlagfoto oben: © Margot Hammerschmidt
Umschlagfoto unten: © Studio X
Gesamtherstellung: Clausen & Bosse, Leck
ISBN 3-462-03036-1

Inhalt

Vorwort

»Warum schreibst du?« fragte mich vor einiger Zeit ein guter Bekannter, von dem ich annehmen durfte, dass er mir wohlgesinnt war. »Du schreibst keine Memoiren, weil du, nehme ich an, nicht zu viel von dir selbst verraten willst, gut. Du hast es finanziell kaum nötig, auch gut. Du bist ein ganz guter Geschichtenerzähler, aber, entschuldige, du bist fürs Schreiben zwangsläufig doch weniger begabt als fürs Spielen, weil dir beim schriftlichen Erzählen die wichtigsten Bestandteile deines Talents nicht zur Verfügung stehen: Der mimische Ausdruck, für den du schließlich bekannt bist, die Stimme und die physische Präsenz, die Ausstrahlung, die deine Persönlichkeit ausmachen. Darum sag mir ehrlich: Warum schreibst du?«

Da er es offenbar ernst meinte und wirklich eine Antwort von mir erwartete, nannte ich ihm einige Gründe: Ich führte zuerst die Selbstständigkeit beim Schreiben an, die ich als Schauspieler ja nicht habe. Denn als solcher spreche ich Texte, die nicht meine sind, da bestimmt ein Regisseur weitgehend, was ich wie zu spielen habe, und obwohl ich nur zum kleineren Teil für das Resultat verantwortlich bin, werde ich dafür kritisiert. Außerdem, und das ist besonders frustrierend, kommt von meiner Arbeit auch das noch so Misslungene in jedem Falle an die Öffentlichkeit, sei es im Theater, im Film oder Fernsehen.

Anders beim Schriftsteller. Der kann jederzeit das Misslungene in den Papierkorb werfen. Oder beim Maler, der es am Ende ganz in der Hand hat, sein Gemälde der Öffentlichkeit zu zeigen, es zu übermalen oder zu vernichten.

Nachher dachte ich noch einmal über die Gründe nach, die ich dem Bekannten genannt hatte, und ärgerte mich, weil ich ihn leichtfertig abgespeist hatte. Nicht, dass diese Gründe falsch gewesen wären, aber ich hatte ihm den wahren Grund verschwiegen. Jetzt kann ich ihm nur noch nachrufen und hoffen, dass er es hört:

Ich schreibe nämlich, weil es mir Spaß macht! Weil es eine neue Herausforderung ist. Wenn man, wie ich, den Beruf des Schauspielers über so viele Jahre ausgeübt hat, stellt sich zwangsläufig das Selbstbewusstsein ein, dass man sein Handwerk beherrscht, dass man seine Wirkungen kennt und einsetzt, das nennt man dann Routine. Und diese Routine führte dazu, dass ich irgendwann mit dem Gekonnten, Beherrschten unzufrieden war, und es entstand das Bedürfnis, etwas Neues auszuprobieren, mich in Frage zu stellen.

Als seinerzeit der Dramatiker Heiner Müller erstmals Opernregie führte und in Bayreuth Wagners TRISTAN UND ISOLDE inszenierte, sagte er in einem SPIEGEL-Interview: »Wenn etwas Neues entstehen soll, muss man das machen, was man nicht kann.«

Ich habe das zuerst für eine bequeme Ausrede gehalten, die ihn, sollte seine Inszenierung scheitern, entschuldigen würde. Später erst verstand ich, was er gemeint hatte. Er suchte das Neue, er suchte die Herausforderung.

Dieses Neuland ist nun für mich das Schreiben – mich auf ein anderes Terrain zu wagen, tastend, wie ein Kind die Welt lernend neu zu entdecken. Und dieses Suchen und Finden, dieses Tasten und neu Begreifen erzeugen eine große Lust, allerdings auch Zweifel, die Angst zu scheitern.

Als junger Student im ersten Semester hatte ich in meiner Naivität, meiner Neugier und meinem Wissensdurst eine unglaubliche Anzahl der verschiedensten Vorlesungen belegt, ein Zuviel, das ich später belächelte, und doch hatte jenes Ausprobierenwollen etwas von der Neugier und der Lust, die mir irgendwann einmal abhanden gekommen sind und die ich heute beim Schreiben wieder entdecke.

Nun ist mir bewusst, dass diesem Spaß, diesem Vergnügen am Schreiben, in meinem Falle zumindest, die thematische Ordnung und Disziplin des Schriftstellers fehlen, und so kommt diese Mischung aus erkennbar wahren, erlebten und erfundenen Geschichten zustande, dieser kleine bunte Strauß, den ich hiermit dem geneigten Leser mit der Bitte um Nachsicht überreiche.

Rom, 1. Januar 2000 M. A.

Der römische Schneeball

Als die Römer am Morgen des 21. Februar 1986 aufwachten und aus dem Fenster schauten oder aus ihrer Haustür traten, überraschte sie ein seltener Anblick: Ganz Rom lag unter einer dicken Schneedecke. Auf den Hügeln wurden zwölf, ja fünfzehn Zentimeter Schnee gemessen. An den meisten Orten Europas wäre dies mitten im Winter, wenn überhaupt, nur im Wetterbericht erwähnt worden.

Aber nicht so in Rom. Da prangten am nächsten Tag Fotos von der schneebedeckten Kuppel des Petersdoms und von anderen berühmten Monumenten und Plätzen der Ewigen Stadt auf den Titelseiten der Zeitungen, und auch an den verschiedensten Meldungen fehlte es nicht, denn für die Stadt war es nicht nur ein freudiges, weil seltenes Ereignis – wann gab es in Rom schon Kinder, die Schlitten fahren, zu bestaunen oder Schüler und Seminaristen, die sich Schneeballschlachten liefern? –, der Schneefall hatte auch seine dramatische Seite.

Für Stunden war der Verkehr in der Innenstadt völlig zusammengebrochen. Fast pausenlos heulten die Sirenen von Feuerwehrautos, Ambulanzen und Einsatzwagen der Polizei, die zu Wasserrohrbrüchen, Autounfällen und Passanten, die ausgerutscht waren und sich verletzt hatten, gerufen wurden. Was anderswo kaum schlimmere Folgen gehabt hätte, entwickelte sich in Rom zu einer Katastrophe. Unter dem Ponte S. Angelo, der Engelsbrücke, wurden die Leichen von zwei erfrorenen »barboni«, wie die Clochards in Italien wegen ihrer Bärte heißen, gefunden.

So hielten sich in den Zeitungen Bilder von kitschigen Postkarten-Ansichten einerseits und von umgestürzten Autobussen, Blechleichen unzähliger Auffahrunfälle und den Bettenreihen in überfüllten Krankenhausfluren andererseits die Waage.

Auch für Carlo Kroll sollte der Schneefall dramatische Folgen haben, doch nicht an jenem Tag, sondern erst Monate später.

Carlo lebte zu der Zeit schon seit über zwanzig Jahren in Rom. Als er die Ewige Stadt als Wohnsitz wählte, war dies nicht ganz freiwillig geschehen. Davor hatte er in München gelebt, sich noch Karl Kroll genannt und in Filmkreisen selbstbewusst als K. K. firmiert. Er hatte sich im so genannten Jungen Deutschen Film der nach-68er Jahre als Produzent versucht. Seinem Erstlingsfilm »Schwabinger Nächte«, den er fast ohne Geld gedreht hatte, war ein künstlerischer Erfolg beschieden, und dadurch ermutigt, hatte er für sein nächstes Filmprojekt ohne jede finanzielle Substanz, nur mit seinem schlitzohrigen Charme und einer beachtlichen Chuzpe, eine ganze Schar von mehr oder weniger filmbegeisterten Ärzten, Anwälten und Geschäftsleuten in ein Profit versprechendes Abschreibungsunternehmen gelockt.

Aber die Dreharbeiten stellten sich als noch waghalsiger und teurer heraus als ein »Todesroulett in Montecarlo«, so der reißerische Titel des Films. Carlo war es damals gelungen, für seinen Film die Drehgenehmigung im ehrwürdigen monegassischen Spielkasino zu erhalten, und die Mitglieder seines vielköpfigen Filmteams wohnten während der ganzen Drehzeit im Hôtel de Paris, das, gleich neben dem Casino gelegen, zu den elegantesten und teuersten Hotels der Côte d'Azur zählt.

Mitten in den Dreharbeiten fiel einer der wichtigsten Geldgeber aus, die Aufnahmen mussten unterbrochen werden, und so fehlte auch das Geld, um die beträchtliche Hotelrechnung zu bezahlen, so dass Carlo eines Nachts zum peinvollen Rückzug blies: Alle Mitglieder seines Produktionsstabs und die Schauspieler verließen heimlich und ohne Koffer, mit mehreren Lagen Wäsche und drei oder vier Anzügen auf dem Leibe, das Hotel. Der Film wurde nach wütenden Streitigkeiten im Team und der beleidigten Abreise des Regisseurs mit reduzierter Crew, drastisch gekürztem Drehbuch und mit Carlo als Regisseur in den Schweizer Bergen fertig gedreht, wo die Eltern eines Freundes ein Hotel besaßen. Der Film erntete zwar in der Presse und auf einigen kleineren Festivals Anerkennung, erlebte aber in den Kinos eine Totalpleite. Schulden blieben unbezahlt, und als die Gläubiger ungemütlich wurden, als gar die Steuerfahndung ihm auf die Pelle rückte, war Carlo schon über alle Berge, genauer gesagt auf dem Weg über die Alpen, um schließlich abgebrannt, aber glücklich und erleichtert in Rom zu landen.

Dort, im aufregenden Rom der Dolce-Vita-Zeit, hielt er sich mit kleinen Filmrollen in italienischen Western- oder amerikanischen Kolossalfilmen über Wasser, denn er war dank seiner zunehmenden Korpulenz und dem eindrucksvollen Cäsarenkopf ein fotogener Typ. Früh schon strebte er seinem filmischen Vorbild Orson Welles nach, dem er, wenn auch nicht in der Qualität als Filmemacher, so aber in der Körpermasse bald ebenbürtig wurde.

Er war schon fünfzig, als er sein Talent fürs Romanschreiben entdeckte. Vorher hatte er für eine deutsche Filmzeitschrift hin und wieder kleinere Artikel und Berichte über die italienisch-deutsche Filmarbeit in Rom geschrieben. Er hatte in einem italienischen Bibelschinken, der im Kielwasser der damals gängigen amerikanischen Großproduktionen wie »Cleopatra« oder »Spartacus« schwamm, eine winzig kleine Rolle als Pharisäer gespielt, als der Pressechef des deutschen Co-Produzenten ihn bat, die Geschichte des Films als begleitendes Buch für den deutschen Markt nachzuerzählen. Carlo kupferte das Drehbuch hemmungslos ab, setzte es in Prosa, und siehe da, die kleine Rolle des von ihm gespielten Pharisäers avancierte in seiner Buchfassung zur absoluten Hauptrolle, während die ursprünglichen Hauptpersonen des Films, Pilatus und Jesus samt Aposteln, zu Statisten degradiert wurden.

Beim Schreiben halfen ihm sein Interesse an Frühgeschichte und sein durchaus beachtliches Wissen auf diesem Gebiet. Das Buch hatte zwar dann nichts mehr mit dem Film zu tun, machte aber auf dem Buchmarkt eine kleine Karriere, und der in Berlin geborene Romanautor Charles Berliner war geboren.

Unter diesem griffigen Pseudonym produziert Carlo seither pseudohistorische Goodseller am Fließband, in denen er die Geschichte mesopotamischer Kulturen, die

Rollsiegeltechnik der Sumerer und das Liebesleben der Babylonier zu abenteuerlichen, dickleibigen Schmökern zusammenrührt. Mit kühnen Details über die Entstehung der Keilschrift ruft er dabei selbst ernsthafte Archäologen, Altertums- und Schriftforscher auf den Plan, die von dem »verehrten Kollegen« die sensationellen Schriftplatten erklärt wissen wollen, die Carlo, ohne Skrupel raffiniert gefälscht, im irakischen Wüstensand zuerst vergraben hatte, um sich bei der anschließenden Ausgrabung in verstaubtem Khakizeug und in Triumphpose fotografieren zu lassen.

Über seine Bücher ist immer noch selten in den Feuilletons ernsthafter Zeitungen zu lesen, doch in den Buchabteilungen von Kaufhäusern und in den Bücherständen an Bahnhöfen und Flughäfen stehen seine reißerisch aufgemachten Wälzer raumgreifend neben Ken Follet, Stephen King und Heinz G. Konsalik und erscheinen mittlerweile in einem Dutzend fremder Sprachen.

Dennoch ist Carlo bescheiden geblieben. Er wohnt nach wie vor in einer winzigen Wohnung in Trastevere im obersten Stock, den man in Italien einen Attico nennt, was immerhin besser klingt als Dachwohnung oder Mansarde. Anfangs wohnte er dort zur Miete, daher investierte er nichts in seine Behausung. Der Regen drang durch das undichte Dach ein und lief an den Wänden herunter, und wenn die unter ihm liegenden Wohnungen schon mal unter Wasser standen, kümmerte er sich nicht um die wütenden Proteste der Mitbewohner.

Nachdem er sich als Autor einen Namen gemacht hatte, hätte er sich eine bequemere, größere Wohnung durchaus leisten können. Wenn ihm ein Freund Sparsamkeit vorwirft und Geiz meint, pflegt Carlo zu antworten, dass er die Wohnung nicht nur liebe, sondern dass, nach Ansicht seines Arztes, das tägliche Treppensteigen für ihn durchaus lebensrettend sei.

Es gelang ihm, die Wohnungsinhaberin zu becircen und seine Wohnung käuflich zu erwerben, und endlich ließ er sich auch die Reparatur etwas kosten. Nach wie vor bestimmen Bücher, Papiere und alte Zeitschriften das Bild, die sich nicht nur an allen Wänden hoch stapeln, sondern auch einen großen Teil des Fußbodens bedecken, ja sogar aus der Wohnung heraus in das Treppenhaus quellen. Mitten im »salotto«, wie er das kleine Wohnzimmer nennt, stehen auf dem Arbeitstisch, zwischen sich babylonisch auftürmenden Papiersäulen, eine Schreibmaschine und ein Computer, beide völlig unbenutzt, da Carlo seine Romane mit der Hand schreibt.

Das tut er meistens nachts, oft bis in die frühen Morgenstunden hinein. Dann schläft er bis zur Mittagszeit in seiner von dem großen Bett völlig ausgefüllten Schlafnische. Nach eigenem Bekunden hat er, vor die Entscheidung gestellt, zwecks Gewichtabnahme das Essen einzuschränken oder auf anstrengenden Normalsex zu verzichten, sich für das Schlemmen entschieden. Dieser Entschluss sei ihm umso leichter gefallen, erzählt er humorvoll, als er seinen ehemals »besten Freund« wegen des respektablen Bauches seit Jahren ohnehin nicht mehr zu Gesicht bekommen habe.

Carlo verschläft mit Vorliebe den Vormittag, erst das Angelusläuten der umliegenden Campaniles animiert ihn, seinen schweren Körper vom Bett hochzustemmen, ans Fenster zu treten, die Vorhänge zurückzuziehen, einen rituellen Blick auf den römischen Himmel zu werfen, um nach ein paar angedeuteten gymnastischen Armbewegungen und Kniebeugen in die geräumige Dusche zu einem kurzen kalten Abguss zu treten. Dann knotet er das Badetuch über dem Bauch fest und schlurft in die winzige Küche, um dort sein ganz spezielles Frühstück zuzubereiten, das gleichzeitig sein Mittagessen ist. Denn das karge Frühstück der Italiener, das nur aus einem Cappuccino und einem Cornetto, der italienischen Version des Croissants, besteht, behagt ihm nicht, während er bei seiner Hauptmahlzeit, dem Abendessen, die italienische Küche geradezu anbetet.

Während auf der Gasflamme der Kessel mit dem Teewasser zum Sieden kommt, füllt er eine Gießkanne und wässert draußen auf der Terrasse liebevoll die Pflanzen. In die Küche zurückgekehrt, gießt er den Tee auf, stellt die englische Teekanne, die große Porzellantasse, einen kleinen Brotkorb mit einigen Scheiben deutschen Bauernbrots – eigens für ihn durch ein Lebensmittelgeschäft in der Nachbarschaft geliefert – auf ein Tablett, dazu Honig, Butter, Quark, und balanciert das Ganze, zumindest bei schönem Wetter, hinaus zu dem Rohrtisch auf der Terrasse. Dann sinkt er in den tiefen Korbsessel und genießt, mit immer gleichem Ritual, sein Frühstück. Zwischendurch überwältigt ihn häufig nochmals der Schlaf, sein eigenes Schnarchen oder ein Telefonanruf schreckt ihn auf, schließlich schüttelt er sich wach, steht gähnend auf und ist endlich bereit, den Tag anzugehen.

Nach Wetter und Laune wählt er eines seiner unzähligen farbigen Hemden, die in Übergröße seit Jahren für ihn in Hongkong genäht werden, stimmt darauf die übrige Kleidung ab, weite flatternde Leinenhosen im Sommer, schwere Segeltuchbeinkleider im Winter, dazu passende breite, geblümte Hosenträger, Manschettenknöpfe, von denen er eine einmalige Sammlung besitzt: in Silber gefasste, gestreifte oder gefleckte, talergroße Achate und Bergkristalle, Ovale aus seltenem Marmor, aus Onyx, Pophyr und anderen Steinen in allen Farben und Schattierungen. Nur die Kette mit dem schweren silbernen Anhänger, die arabische Fatima-Hand darstellend, trägt er quasi als Markenzeichen zu allen Kleidungsstücken, seien es elegante oder sportliche, helle oder dunkle, Sommer- oder Winteranzüge, sie ersetzt Krawatten und Smokingfliegen.

Nach einem letzten prüfenden Blick in den Spiegel eines pompösen Jugendstilschranks, dem einzigen nennenswerten Möbelstück in der Wohnung, einem bedauernden Bürstenstrich über das zu seinem Leidwesen schüttere Haar, das er nun immer häufiger unter breitrandigen Panamahüten oder Borsalinos versteckt, tappt er wenig später vorsichtig die steilen Treppen hinunter, betritt die Piazza, wo er am Zeitungsstand eine deutsche und eine italienische Tageszeitung, montags dazu noch den SPIEGEL kauft, lässt sich vor der Bar in einem der weißen gusseisernen Stühle nieder und trinkt einen Digestivo, mal einen Fernet Branca, mal einen sizilianischen Amaro. Er flippt seine erste Zigarette des Tages, »Gitanes« ohne Filter, aus der blauen Schachtel und zündet sie an. Er raucht, blättert die Zeitungen durch, Politik, Kultur, Sport, Lokalchronik und Wirtschaft, immer in dieser Reihenfolge. Dann macht er sich zu einem kleinen Spaziergang auf, den er sich zum Ankurbeln des Blutkreislaufs verordnet hat.

An einem Frühsommertag jenes Jahres, das zu Anfang den seltenen Schneefall erlebt hatte, sollte sich jedoch Carlos regelmäßiges Leben ganz plötzlich ändern, nachdem er eine kurze Meldung im römischen »Messaggero« gelesen hatte, die zwar gleich seine Aufmerksamkeit weckte, deren dramatischer Einfluss auf sein Leben ihm aber noch verborgen blieb. In der »Cronaca di Roma«, dem Lokalteil der Zeitung, den Carlo stets aufmerksam las, weil er dort häufig auf interessante Ereignisse stößt, die er dann »historisiert« in seine Bücher einfließen lässt, entdeckte er an jenem 30. Juni folgenden kleinen Artikel:

> **Kein krimineller Hintergrund bei Selbstmord in der Gefängniszelle**
> Der Mann, der, während des Schnees in Rom, nachdem er am gleichen Morgen seine Arbeit sowie seine Braut verloren hatte, mit Schneebällen geworfen und zufällig einen Passanten getroffen hatte, sodann wegen Beamtenbeleidigung eingesperrt worden war, hat sich nach vier Monaten, ohne dass es zu einem Prozess gekommen wäre, in seiner Zelle erhängt. Der Staatsanwalt teilte mit, der Mann habe, zwar als gesund geschildert, aber offensichtlich deprimiert, bevor man über seine Freilassung verhandeln konnte, Selbstmord verübt, womit man nicht rechnen konnte. Für einen so geringfügigen

Fall habe bis zu diesem Zeitpunkt kein Richter zur Verfügung gestanden.

Ganz entfernt erinnerte sich Carlo, der übrigens ein hervorragendes Gedächtnis besitzt, im Winter in derselben Zeitung eine noch kleinere Notiz gelesen zu haben, die besagte, dass ein erwachsener Mann wegen Schneeballwerfens festgenommen worden war, wobei Carlo sich schon damals gefragt hatte, wieso diese kindliche Tätigkeit eine Straftat sein konnte, die eine Festnahme rechtfertigte. Ungleich größer aufgemacht war an jenem 22. Februar 1986 aber die Berichterstattung über den ungewöhnlichen Schneefall des Vortages. Und nun also, über vier Monate später, dieser unglaubliche Artikel.

Carlo war entsetzt und enttäuscht. Welcher Journalist oder Redakteur konnte eine solche Meldung so unterschätzen? Die kleine Geschichte strotzte doch nur so von haarsträubender Ungerechtigkeit, von Unmenschlichkeit, doch auch von Erstaunlichem, von Melodram und Tragikomik.

Eine Fülle von Fragen wollte den ganzen Tag nicht aus Carlos Kopf weichen: Warum wurde diese Geschichte so lieblos in den Lokalteil verbannt? Wieso um Himmels willen wirft ein Mann, der am gleichen Morgen seinen Job verliert und von seiner Braut verlassen wird, mit Schneebällen? Kindliches Vergnügen konnte es wohl kaum sein. Welche Menschenverachtung muss sich im Kopf eines Staatsanwalts entwickelt haben, dass er einen Mann, weil er mit einem Schneeball zufällig einen Passanten getroffen hat, vier Monate lang in einer Gefängniszelle schmachten lässt, wahrscheinlich ohne Anwalt oder familiären Beistand? Welcher Zynismus gehört dazu, lakonisch zu erklären, für einen so »geringfügigen Fall« habe kein Richter zur Verfügung gestanden? Wenn der Fall so geringfügig war, warum dann überhaupt einen Menschen vier Monate lang im Gefängnis festhalten?

Aber vor allem konnte Carlo den Journalisten nicht verstehen, der die Meldung auf seinen Schreibtisch bekommen hatte, dann zwar in der Lage war, den kleistisch anmutenden ersten Satz zu formulieren, dessen explosiven Inhalt aber nicht zu durchschauen. Oder dessen vorgesetzten Redakteur, der den vielleicht jungen Schreiber nicht sogleich losgeschickt hat, um die Hintergründe der Geschichte zu recherchieren. Niemand erfuhr so, ob der Selbstmörder eine Familie hatte, die sich um sein Begräbnis hätte kümmern können, ob die Braut, die sich von ihm getrennt hatte, schließlich nicht doch weinend am Grab stand, oder ob er Freunde oder Arbeitskollegen hatte, die sich über den Selbstmord eigene Gedanken machten.

Carlo hatte gerade einen Roman zu Ende gebracht und bei seinem Verlag abgeliefert. Wie immer fühlte er sich dann ausgelaugt, und weit und breit war noch keine Idee für ein neues Buch in Sicht. So setzte dieser winzige Artikel seinen Jagdinstinkt in Aktion, auf den er sich nicht wenig einbildete. Schon witterte er in dieser offenbar unterschätzten Geschichte einen neuen Stoff. Denn selbst heutige Ereignisse hatten ihm nicht selten die Idee für einen seiner historischen Romane geliefert. Schmunzelnd dachte er daran, wie er in seinem letzten Buch, »Der Löwe von Hattusa«, die viel kommentierte Episode der

Fußball-Weltmeisterschaft verwurstet hatte, als Diego Maradona das entscheidende Tor mit der Hand erzielt und diese Regelwidrigkeit mit der »Hand Gottes« gerechtfertigt hatte. Ohne Hemmungen hatte Carlo daraufhin den Hethitern die Erfindung einer Frühform des Fußballspiels zugeschrieben, und in dem Kapitel »Die Hand Scharummas« lenkte der hethitische Gott persönlich die Hand des Königs Tudhalia zum damals kriegsentscheidenden Treffer ins Tor.

In seinem zweiten Roman, »Das Orakel Ischtars«, hatte Carlo, durch den Erfolg des ersten beflügelt und ermutigt, eine Geschichte benützt, die vor einigen Jahren durch die Blätter gegangen war: Ein Rentner in Neapel, mit einer wesentlich jüngeren und sehr schönen Frau verheiratet, die ihn offenbar nach Strich und Faden betrog, hatte die Dampfdüse der typischen italienischen Espressomaschine und die kleine Röhre, durch die der Kaffee nach außen läuft, mit Zement verstopft. Arglos wartete die verhasste Ehefrau bei der nächsten Kaffeezubereitung über der Gasflamme auf den Austritt der wohlriechenden, schwärzlichen Flüssigkeit, als der Wasserdampfdruck die Maschine zur Explosion brachte und der Schönheit der Frau ein schreckliches Ende setzte.

In Carlos Roman wurde die Kaffeemaschine zu einer verstopften Nargileh, durch die Explosion der Wasserpfeife erblindete der letzte Assyrerkönig Assurbanipal und starb, wodurch der Fall Assyriens eingeleitet wurde.

Während diese Erinnerungen Carlo warm durchfluteten, trennte er geübt den kleinen Zeitungsartikel aus der Zeitung, las ihn nochmals und überlegte: Wie Informationen über den Fall bekommen? Wo anfangen? An wen sich wenden? Er kannte ja nicht einmal den Namen des unglücklichen Schneeballwerfers. Carlo faltete die Zeitung zusammen, hievte seine Körpermasse aus dem Eisenstuhl und ging ins Innere der Bar, wo sich an der Wand neben der Kasse das Münztelefon befand. Er suchte in dem zerfledderten Telefonbuch und entdeckte tatsächlich unter Barracca F. Dott. die Nummer von Fausto Barracca, einem ihm bekannten Filmkritiker des Messaggero. Carlo hatte ihn vor Jahren beim Filmfestival von Locarno kennen gelernt, als er noch der junge Filmproduzent K. K. war und Barracca als Volontär seine ersten begeisterten Kritiken über Fassbinder & Co. schrieb. Er war auch zufällig zu Hause, und so verabredete sich Carlo mit ihm in Faustos Wohnung direkt an der Fontana di Trevi.

Selbst für Carlo, an Treppensteigen gewöhnt, waren die steilen Stiegen zum vierten Stock eine atemberaubende Erstbesteigung. Als er durch die offen stehende Tür die Wohnung Faustos betrat, waren an diesem sonnenhellen Nachmittag die Fenster mit schweren Vorhängen abgedunkelt. Der inzwischen wegen seiner geistreichen und häufig ätzend bösen Filmbesprechungen eher berüchtigte Kritikaster saß in Hosen und mit nacktem Oberkörper vor einem enormen Fernsehschirm, auf dem eine Szene mit Vittorio Gassman ablief, und tippte mit beiden Zeigefingern auf einer altmodischen Schreibmaschine herum. »Ich brauche noch eine Minute. Geh, schau mal raus auf die Terrasse, wenn dir nicht zu heiß ist.«

Carlo zog einen der Vorhänge auf, öffnete das Fenster, und wie eine Flutwelle schwappten die Hitze, das

Rauschen des Brunnens und das Stimmengewirr der Touristen von der Piazza herauf. Er trat ins gleißende Licht der Terrasse und war überwältigt von dem Schauspiel, das sich ihm bot. Zum Greifen nah erschienen ihm die weißen Marmorfiguren des Brunnens, und ganz unten klatschten die schäumenden Kaskaden in das Wasser des geschwungenen Beckens. Auf das Kommando ihres Reiseleiters warf eine ganze Busladung japanischer Touristen die obligate Münze über die Schulter in den Brunnen, eine Gruppe fetter Amerikaner sprang in voller Kleidung ins Wasser, ließ sich von den gackernden und kreischenden Ehefrauen mit flieder- und himbeerfarben getönten Haaren fotografieren, der weiß uniformierte Vigile stieß in seine Trillerpfeife und scheuchte die prustenden Touristen aus dem Wasser.

Fausto kam auf die Terrasse und schaute mit einer angeekelten Grimasse auf das ganze Treiben: »Ich war schon seit einem Monat nicht mehr hier draußen, und die Pflanzen sind sowieso vertrocknet. Du siehst gut aus, Carlo«, log er ohne Übergang, »komm, gehn wir rein, was trinkst du?«

Drinnen saßen sie auf dem niedrigen Sofa. »Gassman macht zu viel, findest du nicht? Was verschafft mir die Ehre deines Besuchs?« Carlo zeigte Fausto den Artikel im Messaggero. »Wer kann das geschrieben haben?« – »Cronaca di Roma, Seite 27. Da fragst du mich ein bisschen viel, mein Freund. Was interessiert dich das?«

»Ich will nur wissen, wer das geschrieben hat«, sagte Carlo und erklärte Fausto, warum er den Zeitungsartikel über den rätselhaften Selbstmord im Gefängnis für so außerordentlich hielt. Fausto dachte nach und sagte schließlich: »In einer halben Stunde muss ich sowieso ins Büro. Komm einfach mit, und ich stelle dich Pistilli, einem der Redakteure, vor, der sicher mehr über die verschiedenen Ressorts weiß als ich. Ich muss nur noch den Gassman fertig machen, ich meine, zu Ende schreiben. Übrigens gratuliere ich dir zu deinem Buch über die Pharaonen, ich hab's noch nicht ganz zu Ende gelesen, aber ...« – »Über die Hethiter«, verbesserte ihn Carlo leicht beleidigt. »Natürlich, die Hethiter, entschuldige.«

Von der Fontana di Trevi waren es nur ein paar Schritte zum Messaggero, der größten römischen Tageszeitung in dem imponierenden Eckhaus an der Via del Tritone. Nach einem endlosen Gang durch das Labyrinth der Redaktionsräume trat Fausto mit Carlo in ein Büro, nickte der blondierten Sekretärin zu, durchquerte den kleinen Raum, klopfte an den Rahmen einer gepolsterten Tür, öffnete sie, behielt die Türklinke in der Hand, beugte sich, auf einem Bein balancierend, ins Zimmer und schob mit der anderen Carlo an sich vorbei. »Angelo, hier bringe ich dir Carlo Kroll, einen Freund und bedeutenden deutschen Schriftsteller«, stellte Fausto ihn vor.

»Und das ist Angelo Pistilli. Sei nett zu ihm, Angelo!« Damit ließ er Carlo mit einem Klaps auf die Schulter mit dem Redakteur allein. Pistilli, ein hagerer Mittfünfziger mit flinken Augen hinter einer großen Hornbrille, kam lächelnd hinter seinem Schreibtisch hervor und lud Carlo zum Sitzen ein. Seine Freundlichkeit verflog jedoch schlagartig, als Carlo herausließ, weshalb er gekommen war, und ihm den Artikel über den Selbstmord in der Gefängniszelle zeigte. Er wollte den Verfasser des Artikels kennen lernen, doch Pistilli blieb wortkarg, schützte Vielbeschäftigung vor, ließ verstehen, dass der Schreiber des Artikels, ein junger Journalist, der für ihn, Pistilli, leider eine große Enttäuschung gewesen sei, inzwischen in einem anderen Ressort arbeite, und er verabschiedete Carlo mit einer eiligen Entschuldigung.

Im Vorzimmer Pistillis war der Platz der Sekretärin leer. Carlo trat in den langen Flur hinaus. Dort stöckelte ihm die üppige Blondine entgegen, lächelte ihm im Vorbeigehen zu, er roch Seife und notierte die hübschen, leider unrasierten Beine, die im Vorzimmer verschwanden. Carlo überlegte, machte kehrt, öffnete die Tür und sah gerade noch, wie die Sekretärin ihren Rock weit über die Knie hoch zog und sich in ihren Drehstuhl setzte.

»Scusi, Signorina! Ich habe gerade mit Ihrem Chef über den jungen Journalisten gesprochen, der bis vorgestern hier in Ihrem Ressort arbeitete und versetzt wurde, leider ist mir der Name entfallen. Erinnern Sie sich noch an ihn?« Sie überlegte nur kurz und sagte:

»Sie meinen sicher Gianni, Gianni Rubelli.« »Wissen Sie auch, wo ich ihn hier im Hause finden könnte?« fragte Carlo. Sie schaute erstaunt auf: »Hier im Hause? Meines Wissens ist er entlassen worden!« – »Ach«, murmelte Carlo, »ich hätte ihn so gern gesprochen.« Dabei schaute er die Blonde mit seinem charmantesten Lächeln an. Sie überlegte kurz und griff mit der Rechten routiniert in eine Kartei. »Ich könnte Ihnen seine Adresse geben oder seine Telefonnummer ...« »Beides, bitte!« flötete Carlo unwiderstehlich.

Er trat aus dem protzigen Gebäude in das schmerzend helle Sonnenlicht und flüchtete in die dunkle Via degli Avignonesi. Wenig später klingelte er an der Tür Rubellis. Lange kam keine Antwort, dann öffnete sich die Tür. Ein noch junger Mann mit zerknittertem Gesicht, nur mit Unterhemd und -hose bekleidet, blinzelte Carlo unwirsch an, setzte dazu an, die Tür zuzuschlagen, vielleicht war es Carlos beindruckende Figur, die ihn aufgeben ließ, er drehte sich um, schlurfte in die dunkle Wohnung zurück, warf sich auf das Bett, von dem er sich offenbar gerade erhoben hatte, und wandte Carlo den Rücken zu.

In dem einzigen Wohnraum herrschte selbst für Carlos laxen Ordnungsbegriff ein unbeschreibliches Durcheinander. Carlo schob einen Haufen Wäsche und Kleider von einem Stuhl und rückte ihn zum Bett. Er erzählte dem jungen Journalisten, von dem er nicht wusste, ob er ihm überhaupt zuhörte, von seinem Interesse an der Geschichte und machte ihm Komplimente über seinen ausgezeichneten Schreibstil. Er verstehe überhaupt nicht, wieso Pistilli offenbar keine gute Meinung von ihm habe. Auf den Namen des Redakteurs reagierte Rubelli endlich. Er drehte sich um, musterte Carlo und versuchte seinen Rausch unter Kontrolle zu bringen. Schließlich schob er die Beine über den Bettrand, setzte sich auf, stützte den Kopf auf beide Hände und begann unzusammenhängend zu reden.

Carlo verstand schließlich so viel, dass der Artikel samt einem Foto ursprünglich groß aufgemacht hätte erscheinen sollen, dann ohne jede Erklärung durch das Raster gefallen sei. Im Laufe einer Diskussion darüber, bei der Pistilli ihn schließlich der Unfähigkeit geziehen habe, seien sie sich in die Haare geraten, er sei Pistilli an den

Kragen gegangen, eigentlich sei nichts passiert, aber der Ressortleiter habe beim Chefredakteur der Zeitung seine sofortige Beurlaubung erreicht, was einem Hinauswurf gleichkomme. Sein Artikel sei dann auch nicht gedruckt worden. Carlo zog seinen Zeitungsausschnitt aus der Tasche und zeigte ihn dem jungen Mann, der ihn verwundert fragte:

»Wo ist der erschienen?«

»Im Messaggero, Cronaca di Roma, im Lokalteil.« Rubelli las den Artikel und sagte grinsend, dass diesen eigentlich nur einer geschrieben, beziehungsweise umgeschrieben haben konnte: der Chef selbst! Pistilli! Jetzt war es an Carlo, erstaunt zu sein.

Er verließ Rubellis Wohnung und fragte sich: Warum schob Pistilli die Autorenschaft einem anderen Journalisten zu und verdammte seinen eigenen Artikel in den Lokalteil? Wenig später versuchte Carlo noch einmal zu Pistilli durchzukommen, doch der hatte sich in seiner Redaktion verschanzt und blieb unerreichbar.

Am nächsten Tag saß Carlo wie immer auf seinem Stuhl und beachtete kaum das übliche Treiben auf der Piazza. Statt Neues über den Selbstmord erfahren zu haben, war er in ein journalistisches Intrigenspiel geraten und nicht weitergekommen. Es war wieder ein sehr schöner Sommertag, etwas zu heiß zwar für Carlos Geschmack und seinen Blutdruck, dennoch begab er sich auf seinen täglichen Spaziergang und bemerkte anfangs selbst nicht, wohin ihn heute seine Beine trugen: ausgerechnet zu einem Ort nämlich, um den Passanten im Allgemeinen einen großen Bogen machen, zum Gefängnis Regina Coeli, in dem sich unser Selbstmörder, so nahm er an, erhängt hatte und das nur einen Steinwurf entfernt von Carlos Wohnung lag.

Ein paar Polizisten im grünbraun gefleckten Battle-Dress standen plaudernd vor dem sonst unauffälligen Gefängnisportal. Als Carlo seine Schritte verlangsamte, was ungewöhnlich war, da im Allgemeinen die wenigen Spaziergänger in der Via della Lungara, ohne auch nur zum Eingang zu schielen, weitereilten, wurde er von einem der Beamten gar nicht unfreundlich angesprochen, ob er ihm helfen könne, ob er vielleicht jemanden erwarte. Carlo hob abwehrend die Hände, nützte aber das begonnene Gespräch, um zu fragen, ob jemand von ihnen über den Selbstmord in der Zelle gehört habe. Ja, einem von ihnen war der Fall zu Ohren gekommen. Was ihn denn an der Sache interessiere. Carlo dachte sich als Antwort schnell aus, dass er sein nächstes Buch über einen Selbstmörder schreiben wolle, dessen Geschichte dieser Begebenheit merkwürdig nahe komme. Daher hätte er gerne mehr über den unglücklichen Menschen gewusst. Er erzählte das wenige, was er aus der Zeitungsnotiz wusste, malte es aus, die Beamten horchten nun auf und fanden die Geschichte in der Tat unglaublich und wirklich »triste«.

Wenig später durfte Carlo sogar in die kleine Pforte treten, die, im großen Gefängnisportal eingelassen, so klein war, dass er seinen schweren Körper kaum hindurchzwängen konnte, und ihm war etwas ungemütlich dabei zumute. Zur rechten Hand befand sich hinter großen Scheiben ein Büro mit mehreren Schalterfenstern, er wurde zum Sitzen aufgefordert, und der Beamte, der dort wohl Dienst tat, wenn er sich nicht gerade mit Kollegen unterhielt, griff zum Telefon. Carlo hörte, wie er sich beim Gefängnisspital nach dem Selbstmordfall erkundigte. Bald hörte er ihn auch zum ersten Mal den Namen des Selbstmörders aussprechen: Pietro de Felice. Ein nicht ungewöhnlicher Name in Rom, doch da Felice nichts anderes als der Glückliche bedeutet, wollte er gar nicht zu dem Unglücksraben passen, der sich da so verzweifelt das Leben genommen hatte. Nach einigem Nachfragen bekam der Beamte sogar die Adresse heraus: Via del Quadraro 74, in einem sehr volkstümlichen Viertel bei der Via Tuscolana im römischen Südosten gelegen.

Das war immerhin ein Anfang. Carlo überlegte, wie er weiter zu Werke gehen sollte. Die Idee, den Staatsanwalt direkt anzugehen, verwarf er gleich. Der Mann hatte sich zu offensichtlich bedeckt gehalten, wie aus dem kleinen Zeitungsartikel zu ersehen war.

Am folgenden Tag rief Carlo seinen Freund Todo, einen redelustigen Taxifahrer aus der Nachbarschaft, an. Carlo hatte vor langer Zeit, wohl aus reiner Bequemlichkeit, das Autofahren aufgegeben. Sein weißes VW-Cabrio stand noch zwei, drei Jahre, bei offenem Verdeck langsam vor sich hin rostend, vor seiner Haustür, wurde auch schon mal gestohlen, war dank Carlos Beziehungen zur trasteverinischen Diebesmafia prompt wieder aufgetaucht, diente eine Zeit lang der Nachbarschaft als Abfalltonne, bis das zur attraktiven Skulptur gereifte Gefährt im Automuseum eines Freundes in der Toskana seinen letzten Standort fand. Seitdem bediente er sich Todos, um sich zu preiswerten Bedingungen durch Rom fahren, zum Flughafen bringen oder dort abholen zu lassen. Während dieser Fahrten erzählte ihm Todo jeweils die neuesten

Vorkommnisse seines Taxifahrerlebens und war so eine weitere Quelle für Carlos Zettelkasten.

Todo fuhr ihn zur Adresse des Selbstmörders und erzählte ihm während der Fahrt wieder einmal eine unglaubliche Geschichte über einen befreundeten Kollegen, der ein Liebespärchen durch die Nacht kutschierte. Die beiden hätten es auf der Rückbank ziemlich toll getrieben, so dass er vorgezogen habe, nicht mehr in den Rückspiegel zu schauen. Schließlich seien die beiden ausgestiegen. So habe es sich jedenfalls angehört. Er sei weitergefahren. Als der nächste Fahrgast einsteigen wollte, sagte der, dass da ja jemand im Taxi sei. Der Taxifahrer sei ausgestiegen, und da habe hinten auf dem Boden des Wagens die Frau gelegen, tot. »Morta«, lachte Todo, »morta!«

»Sehr witzig«, keuchte Carlo, als Todo ihm mit gewohnten Griffen beim mühseligen Aussteigen half.

An der Tür des grauen Mietshauses gab es auf der langen Klingelleiste keinen de Felice. Er versuchte auf gut Glück bei einigen Bewohnern zu läuten, aber entweder gab es nur Achselzucken, oder seine Frage nach Pietro de Felice wurde kurzerhand mit einem Tür-vor-der-Nase-Zuschlagen beantwortet. Auf der anderen Straßenseite entdeckte Carlo eine Bar. In Gedanken überquerte er die Fahrbahn, wobei er fast von einem jungen Vespafahrer gerammt worden wäre, hätte er sich nicht mit einem für sein Gewicht erstaunlich behenden Sprung auf den Gehsteig gerettet.

Nach diesem unverhofften Adrenalinstoß betrat er das lang gestreckte Lokal, eine typisch römische Bar mit dem langen Schanktisch ohne Hocker und Tische. Der schmucke junge Mann mit den geölten schwarzen Locken, der hinter der Theke an einer altmodischen Espressomaschine hantierte, Geschirr wusch und einen gerade populären Schlager trällerte, kannte nicht nur Pietro de Felice, sondern auch dessen Braut. Pietro habe fast regelmäßig seinen morgendlichen Cappuccino bei ihm getrunken. Er sei ein lustiger Bursche gewesen, der gern politische Reden schwang, in denen er sich über Italiens Politiker lustig machte. Der Barkeeper deutete mit dem Daumen hinter sich, wo über der Kaffeemaschine eine Menge Fotos hingen.

»Die meisten davon hat Pietro gemacht«, erklärte er. »Ich wusste gar nicht, dass er Fotograf war«, wunderte sich Carlo. Ob er für eine bestimmte Zeitung gearbeitet habe, wollte er wissen. Das aber schloss der Barmann aus. »Er war ein unsteter Bursche, ging oft auf Reisen in andere Länder, er liebte seine Freiheit und wechselte laufend seine Stellung. Chiara, seine Braut, die nur ein paar Straßen weiter wohnt und in einem Atelier für Brautkleider arbeitet, hatte es nicht leicht mit ihm, so viel kann ich Ihnen sagen.« Sie sei ein hübsches Mädchen, mit einer bemerkenswerten Figur, fügte er hinzu und begleitete deren Beschreibung mit einer sicher übertriebenen Geste. Die Aktfotos, die er von ihr gemacht habe, hätte er gerne sehen mögen.

Carlo trank seinen Eiskaffee aus, stieg in Todos wartenden Wagen und machte sich auf die Suche nach der ehemaligen Braut Pietros, die allerdings nicht mehr in der Schneiderei arbeitete, deren Adresse Carlo aber dort erfuhr. Das offenbar von wohlhabenderen Leuten bewohnte Haus lag ganz in der Nähe, Carlo fragte sich nach

Chiaras Wohnung durch, aber als die Wohnungstür sich schließlich öffnete, blickte er hinter der Türkette in das griesgrämige Gesicht einer älteren Frau, die sich als Chiaras Muttter zu erkennen gab. Nein, Chiara sei nicht zu Hause, nein, auch nicht in Rom.

Als Carlo dann den Namen Pietro de Felice aussprach und dabei hoffte, dass das Mitgefühl am Tode des Schwiegersohns in spe die Frau freundlicher stimmen würde, erlebte er genau das Gegenteil, sie wurde geradezu bösartig und schimpfte über den »mascalzone«, den Schuft, der ihre Tochter entehrt habe. Sie fragte Carlo, wer er denn sei und was er von ihrer Tochter wolle. Carlo versuchte ihr zu erklären, dass sein Interesse eher Pietro gelte und er gerne den Grund für den Bruch ihrer Tochter mit ihrem Verlobten an jenem verschneiten Morgen erfahren hätte. Jetzt wurde die Alte rabiat: Wenn er damit vielleicht sagen wolle, dass ihre Tochter an dem Selbstmord schuld gewesen sei, dann solle er sich auf der Stelle aus dem Staub machen, bevor sie die Polizei rufe.

Auf dem Heimweg war Carlo enttäuscht und so schläfrig, dass er kaum die haarsträubende Geschichte mitbekam, deren Wahrhaftigkeit Todo mit einem Schwur aufs Leben seiner Kinder bekräftigte, von einem Freund nämlich, einem besonders guten Schwimmer, der vor einigen Wochen an einem Sonntag beim Baden im Lago di Bracciano nur kurz um Hilfe rufen konnte, bevor er in dem tiefgrünen Wasser verschwand. Seinen Freunden sei es gelungen, ihn herauszuziehen und wieder zu beleben. Eine Woche später sei dieser Freund zu Hause in seiner Badewanne ertrunken …

Carlo war nicht viel weitergekommen. Das Bild, das er

sich von Pietro de Felice gemacht hatte, schien ihm nun im Licht der Beschreibung, die ihm der Barmann gegeben hatte, nicht mehr übereinzustimmen mit seinem Bild von dem Pechvogel, der am Morgen des Schneetages zur Arbeit fahren wollte und wie Tausende anderer Römer, durch die Schneeverhältnisse aufgehalten, beträchtlich verspätet zu seinem Arbeitsplatz gekommen war, was mit dem fristlosen Hinauswurf geendet hatte. Auch der von der Mutter der Braut beschriebene Schuft wollte nicht zu dem gewieften Fotografen passen, den der Barmann beschrieben hatte. Und erst recht schien Pietro nicht der einfältige Mensch gewesen zu sein, dessen Enttäuschung und Wut sich in verzweifeltem Schneeballwerfen entladen und der sich schließlich deprimiert in seiner Zelle erhängt hätte.

Hier zerbröckelte das Bild des Pietro de Felice, das Pistilli sich wohl in seinem Artikel zurechtgemacht hatte. Vielleicht verbarg sich dahinter nur eine banale Geschichte, zu verworren und undurchsichtig, um einen spannenden Stoff abzugeben. Carlo ging auch der Gedanke durch den Kopf, dass es in Mesopotamien, dem Spielort seiner Romane, keinen Schnee gab, und ohne Schnee gab es in diesem Fall auch keine Geschichte. So dachte er bereits daran, den vielleicht doch zu Recht als »geringfügig« bezeichneten Fall nun seinerseits ad acta zu legen.

Nicht ungern versank Carlo nach einer abgeschlossenen Arbeit in wohltuende Phasen des Dolcefarniente, um sich den konkreteren Genüssen des italienischen Lebens hinzugeben. Und die bestanden für ihn in erster Linie im guten, allzu üppigen Essen. Er hielt sich dann viel länger an der Tafel auf, dem für ihn stets reservierten Ecktisch auf der Terrasse seines Stammlokals gleich unterhalb seiner Wohnung.

Auch an diesem schwülwarmen Juliabend scheuchte er mit seinem stark deutsch gefärbten Akzent die Kellner herum, bellte Befehle in Richtung Küche, bestellte Leo, den Besitzer des Lokals, zu Beschwerden über zu klein geratene Portionen an seinen Tisch, schickte Teller hemmungslos zwei-, dreimal in die Küche zurück, aß unglaubliche Mengen in sich hinein und trank dabei seinen sardischen Wein, dessen letzter guter Jahrgang nur für ihn reserviert war. Zwischen den Gängen wanderte sein Blick über die Nachbartische, definierte die Speisen auf den Tellern der anderen, seine Augen stimmten zu, beneideten, belächelten, genossen mit und bedauerten, dass er dies nicht alles auch noch genießen konnte.

Trotz seiner Launen und des herrischen Gebarens, das Italiener eigentlich abstoßen musste, war er ein beliebter und gern gesehener Gast, vor allem seitdem er, wohlhabend geworden, größere Gesellschaften einlud, Verleger, Journalisten, Fernseh-Teams, Mitarbeiterinnen, Lektorinnen, und vor allem das kleine Heer der Sekretärinnen, die seine handgeschriebenen Texte kopierten.

Diesen netten jungen Damen spendierte Carlo gegen Ende des Abendessens auch schon einmal Rosen, die in den Restaurants von Schwärmen der den römischen Blumenmarkt kontrollierenden dunkelhäutigen Verkäufer aus Sri Lanka angeboten werden. Dies tat er aber wohlweislich nicht am früheren Abend, wenn eine einsame Rose fünftausend Lire kostete, auch nicht, wenn man gegen Mitternacht für zwanzigtausend Lire zehn Rosen bekam, sondern nach ein Uhr nachts, wenn einem Riesensträuße von dreißig, vierzig, fünfzig Rosen für lumpige zehntausend Lire nachgeworfen wurden. Carlo wies also, sich immer nach dem gegenwärtigen Preisniveau der Blumen erkundigend, die aufdringlichen Rosenverkäufer so lange ab, bis er den niedrigsten Preis – kurz vor dem allmählichen Unansehnlichwerden der kurzlebigen Rosen – erzielt hatte. Wenn sich dieser Augenblick näherte, sinnierte er auch schon mal über die Vergänglichkeit aller Dinge, für welche die Schnittblumen das beste Beispiel, ja, ein Symbol seien.

Carlo bezahlte seine sicher beträchtlichen Restaurantrechnungen jeweils am Monatsende, gab nie Trinkgeld, bestand vielmehr auf dem »sconto«, einem Abschlag, wie er in italienischen Restaurants häufig gewährt wird, wenn der Kunde keine offizielle, steuerlich gültige Rechnung verlangt. An solchen Abenden, wie auch an diesem, wenn die Arbeit ihn nicht zurück an seinen Schreibtisch drängte, war er der letzte Gast, trank immer wieder noch ein Gläschen von dem offerierten Digestivo, bis er sich schließlich aus seinem speziellen Stuhl ächzend hochwuchtete und breitbeinig davonwankte, während die Kellner ihm im Chor »Buona notte, Signor Carlo!« nachriefen. Nach wenigen Schritten kam er an seiner Haustür an, schloss umständlich auf und zog sich an den Geländerstangen des steilen Treppenhauses hoch, legte auf jedem Stockwerk eine Atempause ein, bis er in seiner Wohnung ankam, sich nachlässig auszog und ins Bett fiel.

Am nächsten Morgen wurde er zu ziemlich ungewohnter Stunde aus dem Schlaf und dem Bett geläutet. Vor der

Wohnungstür stand schwer atmend ein korpulenter Polizeibeamter, der ihm stumm einen Zettel reichte und sich den Erhalt mit Carlos Unterschrift bestätigen ließ. Der staunte nicht wenig, als er das Schreiben las. Es war eine Vorladung, sich am nächsten Vormittag bei Herrn Kommissar Bellini in der Präfektur, Piazza del Collegio Romano 3, zu melden. Carlos notorisch schlechtes Gewissen meldete sich. Was konnte dies bedeuten? Er hatte seit Jahren keine Aufenthaltsgenehmigung in Rom beantragt. Sich alle drei Monate stunden-, wenn nicht tagelang bei der Ausländerstelle für die Verlängerung des »soggiorno«, der Aufenthaltsbescheinigung, anzustellen, war nicht nach seinem Geschmack. So hatte er eines Tages durch einen findigen Bekannten einen viel einfacheren Weg zur Aufenthaltserlaubnis gefunden, die vor allem unbefristet war: Wer in Rom die Müllabfuhr bezahlt, bekommt anstandslos die »residenza«, das offizielle Wohnrecht bei der »anágrafe«, wie in Rom das Einwohnermeldeamt heißt.

Carlos zutiefst anarchische Seele witterte seit eh und je bei jedem drohenden Kontakt mit einer staatlichen Behörde Gefahr. Deswegen ärgerte er sich, dass er die Vorladung quittiert hatte, doch nun war es wohl besser, hinzugehen und eine langwierige amtliche Prozedur zu vermeiden, denn er hatte früh die Erfahrung gemacht, dass die italienische Bürokratie zwar laxer und korrupter, auf der anderen Seite aber auch verkrusteter und hartnäckiger ist als die deutsche oder gar französische.

Er ging also am nächsten Tag, kurz vor der Mittagszeit, zur Präfektur, auch das ein kleiner Trick, denn kein italienischer Beamter liebt es, in die Mittagspause hinein zu arbeiten, das Essen zu Hause kommt pünktlich auf den Tisch.

Als Carlo vor dem Schreibtisch des Kommissars stand, telefonierte der gerade, wahrscheinlich um seiner Frau das Kommando »Butta!« zu geben, zu dieser Tageszeit das meistgebrauchte Wort in Italiens Äther, das etwa so viel heißt wie »Schmeiß rein«, die Frau oder Mutter zu Hause möge die Pasta ins siedende Wasser werfen. Auf diese Weise nutzt der heimkehrende Gatte oder Sohn die Kochzeit der Nudeln zum Nachhausefahren und kann sich dort ohne Wartezeit an den Esstisch setzen.

Der Beamte riss mit einer ungeduldigen Bewegung die Vorladung aus Carlos Hand, las und schoss mit spitzem Zeigefinger seine erste Frage auf Carlos Brust ab:

»Wissen Sie, warum ich Sie hierher kommen ließ?« Carlo versuchte so freundlich wie möglich zu antworten:

»Ich hatte die Hoffnung, dass Sie mir das erklären können.« Der Beamte schlug einen Aktendeckel auf, warf einen Blick auf das oberste Blatt und zischte:

»Was hatten Sie am 2. Juli um vierzehn Uhr zehn vor dem Gefängnis Regina Coeli zu suchen?« Carlo versuchte, beiläufig zu klingen:

»Ich wohne in der Nähe und kam bei einem Spaziergang zufällig dort vorbei. Ein Dienst tuender Carabiniere erkannte mich und sprach mich an.«

»Worüber sprachen Sie?«

»Ich glaube«, wich Carlo aus, »wir unterhielten uns darüber, wie deprimierend für manch einen Gefangenen der Aufenthalt in einer Einzelzelle sein muss, besonders wenn er sich für unschuldig hält.«

»Sie glauben also, dass der Mann, von dem Sie sprechen, unschuldig war?«

»Ich habe nicht von einem bestimmten Mann gesprochen«

»Ach nein?« bellte der Kommissar, »Sie behaupten also, dass Sie Pietro de Felice nicht gekannt haben? Was wollten Sie von den Beamten, wer hat Sie geschickt?« Carlo hatte eine Gegenfrage bereit:

»Was kann Sie der Fall de Felice noch interessieren, da der arme Mensch doch tot ist und sein Tod nach Aussage des Staatsanwalts keinen kriminellen ...?«

»Hier stelle ich die Fragen, Herr Kroll!« unterbrach ihn der Beamte – er benützte das deutsche Wort ›Herr‹! –, »und wenn Sie schon eine so unbedachte Frage stellen, darf ich Sie darauf aufmerksam machen, dass die Polizei sich grundsätzlich für Tote interessiert.«

»Dann ist es allerdings meistens zu spät«, versuchte Carlo zu scherzen, doch der Beamte ging nicht darauf ein, fuhr vielmehr leise fort, und es sollte gewiss besonders gefährlich klingen:

»Natürlich für Tote, die nicht im Bett gestorben sind! Und die Mörder dieser Toten zu finden, ist das nicht eine edle polizeiliche Aufgabe? Eine Aufgabe allerdings, die nur der Polizei obliegt, und es gefällt mir nicht, wenn Laien wie Sie, Herr Kroll, ihre Nase in unsere Nachforschungen stecken!« Carlo versuchte abzuwiegeln:

»Es liegt mir fern, mich in Ihre Arbeit einzumischen, ich bin Schriftsteller, und so ist mir eine Neugier zu eigen, die der Ihren ähnlich ist, aber keine realen Folgen hat und nur einen Anlass braucht, die Fantasie anzuspornen, um eine interessante Geschichte daraus zu machen.«

»Dann bleiben Sie gefälligst bei Ihrer Fantasie, und stören Sie die Realität nicht mit Ihrer Neugier!« Carlo lagen ein paar böse Worte auf der Zunge, aber er wusste, dass mit dieser vielen Beamten eigenen Mischung von Beschränktheit und Machtbewusstsein nicht erfolgreich zu argumentieren war. So schwieg er lieber.

»Sie sind Deutscher«, fuhr der Kommissar fort, »Sie sind also Gast in diesem Lande und sollten sich nicht in Fragen einmischen, die mit polizeilichen Ermittlungen zu tun haben. Ist Ihnen das klar?« Carlo deutete ein gelangweiltes Kopfnicken an.

»Und jetzt hören Sie mir genau zu: Ich erwarte von Ihnen, dass Sie nicht Privatdetektiv spielen, dieses Spiel könnte verdammt ernst für Sie enden! Sie können gehen!« Dabei blickte er auf seine Uhr, stand auf, während er zum Telefonhörer griff, und Carlo war schon durch die Tür in den langen Flur getreten, als er noch mitbekam, wie der genervte Kommissar in den Hörer schrie: »Butta!«

Zu Hause dachte Carlo über sein Gespräch mit dem Kommissar nach. Hinter dem so »geringfügigen« Fall musste also doch irgendeine weit wichtigere Sache verborgen sein, warum sonst hätte sich die Polizei so schnell eingeschaltet, nur weil er, Carlo Kroll, gewagt hatte, sich nach dem Selbstmörder zu erkundigen. Er kramte den Messaggero-Artikel wieder hervor und starrte auf die Überschrift:

»Kein krimineller Hintergrund bei Selbstmord in der Gefängniszelle«.

Sollte es tatsächlich keinen kriminellen Hintergrund für den Selbstmord gegeben haben, so musste zumindest der Verdacht hierfür doch einmal bestanden haben, und wenn sich die Polizei offenbar immer noch dafür interessierte, war der Fall aus irgendeinem Grunde doch nicht so abgeschlossen, wie der Staatsanwalt glauben machen wollte. Jemand musste an der Vertuschung des Falles sehr interessiert sein. Aber wer? Plötzlich begriff Carlo: Aber ja, das Opfer des Schneeballwerfers! Das Opfer musste die Antwort sein. Der arme Pietro de Felice hatte vielleicht zu seinem Unglück einen Passanten getroffen, der so bedeutend war, dass man ihn kurzerhand eingesperrt hatte. Wer war dieser Fußgänger? Zwar dachte Carlo an die Warnung des Kommissars, die er jetzt erst richtig zu verstehen begann, doch seine Neugier und seine Lust, Licht in diesen Fall zu bringen, entzündeten sich stärker als je zuvor.

Wie konnte er die Identität des Schneeballopfers feststellen? Dazu brauchte er zuerst den Tatort. Wo hatte sich der Schneeballwurf ereignet? Rom war zwar groß, aber der Ort des »Verbrechens« konnte nur das Zentrum der Ewigen Stadt sein, schloss Carlo, wo sonst ging ein bedeutender und berühmter Mensch zu Fuß durch die Straßen? Und wer oder was konnte nun dieser Prominente sein? Wenn sich die Polizei mit der Sache befasste, wenn darüber in der Presse außer mit einigen harmlosen und vertuschenden Meldungen nicht berichtet werden durfte, wenn das Interesse eines einfachen Bürgers höchst unwillkommen war, dann kam nur eine Klasse in Frage: Die politische! Es musste ein Politiker sein! Ein prominenter Politiker! Wieso aber war dieser nicht im Wagen zu seiner Behörde, zur Parteizentrale, zum Ministerium oder zum Parlament gefahren? Besonders an jenem ungewöhnlichen Tage des schneebedeckten Roms. Klar, er musste im Zentrum sein Haus, seine Wohnung haben oder ein Hotel bewohnen.

In Hotels logieren aber nur Provinzabgeordnete, kombinierte Carlo weiter, und das auch nur anfangs, denn sobald der Volksvertreter einmal etabliert ist, nimmt er sich eine Wohnung oder zumindest eine Garçonnière. Wenn jener geheimnisvolle Politiker nun an jenem Schneemorgen zu Fuß zu seiner Wirkungsstätte gegangen war, dann sicher auf eigenen Wunsch, wohl um in den seltenen Genuss zu kommen, im Schnee herumzustapfen. Natürlich konnte dies nur ein relativ kurzer Fußmarsch gewesen sein. Und damit verkleinerte sich die Lagemöglichkeit des Tatorts auf einen winzigen Teil des Stadtzentrums. Wahrscheinlich war es auch keine der engen Straßen gewesen, dachte Carlo, sondern ein Platz, denn nur ein Platz fordert so richtig zum Schneeballwerfen heraus. Carlo nahm einen Stadtplan zu Hilfe und markierte alle in Frage kommenden Plätze des Zentrums. Er kam immerhin auf siebenundvierzig. Engte er aber die Zone auf jenen Teil der Innenstadt ein, der mehr oder weniger um das Parlament, den Senat oder die Parteizentralen herum lag, so blieben nur mehr zehn oder zwölf Plätze übrig. Sehr zufrieden mit sich und seiner Kombinationsgabe, machte Carlo sich am Nachmittag auf, die einzelnen Plätze zu besuchen. Diesmal zu Fuß, denn Todo, dem Taxifahrer, konnte er die kurzen Strecken und langen Wartezeiten nicht zumuten.

Er begann ohne irgendwelche Erwartungen mit der Piazza di Montecitorio, an der das Parlamentsgebäude liegt. Er betrat eine Bar und stellte vorsichtige Fragen an den Barista. Es war natürlich nicht leicht, an einem heißen

Sommernachmittag auf den Schneefall im Februar zu sprechen zu kommen. »Wissen Sie«, begann er das Gespräch, »dass ich draußen beinahe auf einer Portion Speiseeis ausgerutscht und hingeschlagen wäre?« Der Barkeeper tat entsetzt und wollte gleich nach draußen, um das Corpus delicti zu beseitigen.

»Aber nein, nicht nötig«, sagte Carlo schnell, »ich habe das schon mit einer Zeitung besorgt. Entsinnen Sie sich noch«, fuhr er fort, »des Schneefalls im Februar?« »Erinnern Sie mich nicht daran, ich bin damals frühmorgens aus der Haustür meines Hauses in Frascati getreten und sofort ausgerutscht. Dabei bin ich mit dem Hinterkopf aufgeschlagen, hatte eine Gehirnerschütterung und war eine Woche lang außer Gefecht!«

Der Gute war also an jenem Tag gar nicht hier in der Stadt gewesen!

›Nun ja‹, sagte sich Carlo, ›wäre ja auch ein Wunder gewesen‹, und er ging hinüber zum angrenzenden Platz, der Piazza Colonna, wo sich der Palazzo Chigi, der Sitz der Regierung, befindet. An dem großen internationalen Zeitungskiosk auf der einen Seite des Platzes, an der Via del Corso, studierte Carlo die ausliegenden Zeitungen und sagte sich, dass er diesmal nicht gut über Speiseeis auf den Februarschnee zu sprechen kommen konnte. Er versuchte es mit einer Frage nach der Februarnummer des Journals »Ski-Welt«.

Der Zeitungshändler teilte ihm kopfschüttelnd mit, dass dieses im Sommer gar nicht erscheine. Für so ein Exemplar müsse er sich an den Verlag wenden oder auf den nächsten Winter warten. Da ihm nichts mehr einfiel, fragte Carlo nun ohne Umschweife, ob er sich des

Schneefalls im Februar erinnere und ob er damals hier bei seiner Arbeit gewesen sei. Der Mann bejahte. Ob denn das Zeltdach über seinem Stand den Schnee ausgehalten hätte.

»Als ich am Morgen hier aufgebaut habe, hatte es schon zu schneien aufgehört, und mittags war der Schnee schon wieder geschmolzen. Aber jetzt sagen Sie mir doch geradeheraus, was Sie wissen wollen.« Erleichtert fragte Carlo nun direkt, ob er sich vielleicht an einen Unfall auf dem Platz erinnerte, der eventuell durch einen Schneeballwerfer verursacht worden war und dessen Opfer ein Politiker, wahrscheinlich ein prominenter Politiker, gewesen war. Der Mann lachte: »Nein, den Schneeball hätte ich aber selber gern geworfen. Und ein Ziel hätte ich auch schon gehabt, aber der Kerl da drüben, anders als Mussolini seinerzeit, lässt sich ja nie auf dem Balkon blicken!«

Dabei zeigte er auf den schmalen Balkon, der auf dem ersten Stock des Palazzo Chigi um die Ecke zum Largo Chigi läuft und hinter dem sich das Büro des Premierministers befindet. Carlo wollte den Mann noch darüber aufklären, dass der berühmte Mussolinibalkon nicht dieser sei, sondern sich auf der Piazza Venezia befände, aber der Zeitungsverkäufer hatte sich schon wieder einem Kunden zugewandt. ›Piazza Venezia‹, dachte Carlo daraufhin, ›warum eigentlich nicht?‹, und er machte sich auf den Weg die Via del Corso hinunter, an deren Ende das Marmordenkmal Vittorio Emmanueles II., von deutschen Touristen auch »Schreibmaschine«, von Amerikanern »Wedding-cake« genannt, weiß in der Sonne schimmerte.

Auf dem Weg dorthin bog er nach rechts ab zur Piazza della Pietra, hatte auch dort nicht mehr Glück und versuchte es auf einem seiner Lieblingsplätze, der Piazza di S. Ignazio, mit ihren geschwungenen Häuserfassaden die einzige Rokokopiazza Roms. Er setzte sich unter einen der Sonnenschirme vor dem Ristorante »Le Cave di Sant' Ignazio«, dessen Wirt Sabadino ihn erfreut begrüßte. Carlo ließ sich von ihm zu einem Teller Pasta alla matriciana überreden, trank eine ganze Flasche Ferrarelle-Mineralwasser und fragte den Wirt mutlos und ohne Umschweife nach einem prominenten Schneeballopfer aus. Sabadino erkundigte sich verwundert und besorgt nach Carlos Gesundheitszustand. Ja, ja, die Hitze. Carlo wollte zahlen, doch Sabadino winkte großzügig ab.

Carlo bedankte sich, stand tief durchatmend auf und ging mit müden Beinen weiter zur Piazza Venezia. Als er in den Platz einbog, sah er zur Linken, gleich neben dem Polizeirevier, eine winzige Bar und sank erschöpft in einen der zu engen Plastikstühle. Er schüttelte den Kopf über sich selbst und seinen naiven Glauben, mit diesem Prinzip des Zufalls weiterzukommen. Das war doch sonst nicht seine Art. Er musste die Sache methodisch angehen oder aufgeben. Aber das passte eben nicht zu ihm, zu Carlo Kroll!

Neben ihm, an einem der kleinen runden Tische, saß ein älterer Mann, der dabei war, Kreuzworträtsel zu lösen. Carlo schaute ihm so auffällig über die Schulter, dass der Mann ihn, wie ein Kartenspieler einen Kiebitz, irritiert und unwirsch über die Schulter anblickte. »Entschuldigen Sie, kommen Sie oft hierher?« fragte Carlo freundlich. »Jeden Tag seit meiner Pensionierung.« – »Ich sehe, Sie lösen Kreuzworträtsel«, und ohne seinem Gegenüber

Gelegenheit zu geben, sich wieder seinem Rätsel zuzuwenden, fragte Carlo in einer tollkühnen Anwandlung:

»Ich wette, Sie wissen nicht, welcher Politiker auf diesem Platz im Februar dieses Jahres von einem Schneeball getroffen wurde!?«

»Antonutti!« kam es wie aus der Pistole geschossen zurück, »aber das war nicht auf diesem Platz, sondern auf der Piazza Navona!«

Carlo blieb der Mund offen stehen. Antonutti! Die große graue Eminenz der italienischen Politik schlechthin, einige Male Premierminister und unzählige Male Minister in den oft wechselnden Regierungen der italienischen Republik. Seit ein paar Jahren Senator auf Lebenszeit, ein politisches Stehaufmännchen, gescheit, gewitzt und anscheinend unangreifbar.

Nun wusste jeder Römer, dass Antonutti ein fürstliches Appartement am Corso Vittorio Emmanuele II. besaß. Und jedermann wusste auch, dass der Christdemokrat ein sehr religiöser Mensch war, was ihm unter Freunden und Gegnern den spöttischen und doch respektvollen Spitznamen »Der Kardinal« eingetragen hatte, denn jeden Morgen vor der Arbeit wohnte er in der nahe liegenden Kirche S. Giovanni dei Fiorentini dem Gottesdienst bei, bevor er in sein Büro im Palazzo Montecitorio, dem Sitz des Parlaments, fuhr oder den Weg dorthin tatsächlich häufig zu Fuß ging, von seinen Leibwächtern in einiger Distanz gefolgt. Und die lang gestreckte Piazza Navona musste er, wenn er vom Corso Vittorio herüber zum Palazzo Madama oder zum Parlament wollte, auf jeden Fall überqueren.

Der Mann hatte Carlos Staunen gar nicht mitbekommen und sich wieder in sein Rätsel vertieft. Vorsichtig klopfte ihm Carlo auf die Schulter:

»Wieso wissen Sie das? Das stand doch gar nicht in der Zeitung.«

»Es gehört eben zu meinem Beruf, das heißt zu meinem ehemaligen Beruf.«

»Was war denn Ihr Beruf?«

»Ich war 35 Jahre lang bei der Polizei!«

Am folgenden Mittag saß Carlo auf seinem angestammten Stuhl vor der Bar der Piazza Santa Maria in Trastevere. Er hatte kaum geschlafen. Den ganzen Tag hatte er nachgedacht. Gut, als Antonutti stürzte, hatten die zwei Leibwächter im ersten Augenblick vielleicht geglaubt, dass es sich um ein Attentat handelte und dass ihr Dienstherr von einem gefährlicheren Geschoss als einem Schneeball getroffen worden war, Antonutti war vielleicht selbst von einem lebensgefährlichen Geschoss ausgegangen, während er dramatisch in den schon etwas schmutzigen Schnee der Piazza Navona sank.

Aber wo war des Pudels Kern? War es nur Übereifer der Leibwächter, die den flüchtigen Pietro de Felice dingfest machten und durch eine herbeigerufene Funkstreife ins Gefängnis bringen ließen? – Aber in vier Monaten hätte sich die Harmlosigkeit des Vorfalls doch herausstellen müssen. Wieso war überhaupt ein Prozess ins Auge gefasst worden, auf den Pietro dann verzweifelt warten musste? Die offenen Fragen in Carlos Kopf wollten kein Ende nehmen.

In diesem Augenblick sah er, wie zwei auffällig in seine Richtung schauende Männer, die er gleich als »Bullen in Zivil« erkannte, auf seinen Tisch zusteuerten.

»Signor Carlo Kroll?« fragte der eine von ihnen höflich. Carlo nickte. »Würden Sie uns unauffällig folgen?« sagte der andere.

»Wohin und warum?« fragte Carlo aufreizend ruhig zurück.

»Wenn Sie es wünschen, kann es auch auffällig geschehen«, meinte der Erste, leicht, aber gefährlich lächelnd, während er den Jackenschoß so weit zurückstreifte, dass ein paar am Gürtel baumelnde Handschellen sichtbar wurden. Carlo griff langsam in seine Hosentasche, und prompt gingen die Hände der Polizisten zu den versteckten Pistolen. Carlo zeigte beschwichtigend eine Hand voll Münzen auf der flachen Hand, zählte den geschuldeten Betrag für sein Getränk ab, kippte ihn auf die Aluminiumplatte des Tischchens und hievte seine hundertvierzig Kilo vom Stuhl hoch. Der dunkelblaue Wagen der Beamten stand am schmalen Zugang zur Piazza. Fast geschmeichelt nahm Carlo wahr, dass dahinter noch eine olivgrüne »Pantera«, der Streifenwagen der Carabinieri, wartete.

Die beiden Polizisten in Zivil wollten Carlo partout auf der Hinterbank in ihre Mitte nehmen, gaben den Versuch angesichts der Körpermasse Carlos aber auf. Der plumpste in den Fond, so dass das Fahrzeug Schlagseite bekam, und los ging die Fahrt mit Blaulicht und Sirene durch die engen Gassen Trasteveres. Carlo gelang es dabei, geschmeichelt dreinzuschauen. Das hatte er sich immer schon einmal gewünscht: Sirene und Blaulicht, aber keine Ambulanz, Gott bewahre!

Er stellte fest, dass die Fahrt in die Richtung des Piazzale Clodio ging. Der Wagen hielt schließlich im Hof des lang gestreckten, hässlichen Klinkerbaus, der seit ein paar Jahren an Stelle des baufälligen, am Tiberufer protzenden Palazzaccio als Justizpalast dient. In dem endlos langen Flur saßen Carlo und seine Begleiter wortlos fast eine halbe Stunde lang auf einer harten Holzbank. Schließlich erschien der Beamte, auf den man offenbar gewartet hatte, grüßte kurz angebunden und verschwand, in eine Wolke von Eau de Cologne gehüllt, in einem der Büros.

Nach einer weiteren Viertelstunde stand Carlo vor dem Schreibtisch, auf dem ein glänzendes Messingschild den Beamten als »Dottore F. Ricciardi, Sostituto Procuratore della Repubblica« auswies.

Der Unterstaatsanwalt (so übersetzte Carlo für sich den langen italienischen Titel), der Carlo viel zu jung für ein solches Amt erschien und eher wie ein eleganter Filmbeau wirkte, studierte seelenruhig Akten, während er von Zeit zu Zeit an einer Zigarette zog, die auf einer etwas zu langen silbernen Zigarettenspitze steckte. ›Wahrscheinlich hat ihm seine Mutter das Rauchen verboten, und mit dem Zigarettenhalter verhindert er braune Fingerspitzen!‹ dachte Carlo bei sich.

Nach einer kleinen Ewigkeit schaute der Justizbeamte auf, riss dabei mit einer theatralischen Geste seine modische Brille von der Nase, beugte sich vor und fragte: »Wissen Sie, warum ich Sie herbringen ließ?« So ähnlich hatte ihn auch schon der Kommissar gefragt.

»Ich nehme an, Sie werden es mir sagen«, entgegnete er doch schon ziemlich genervt.

»Ich darf Sie daran erinnern, dass Kommissar Bellini Sie gewarnt hat, auf eigene Faust die Arbeit der Polizei zu tun. Warum haben Sie sich nicht an seine Warnung gehalten?« Carlo zog es vor zu schweigen.

Der Staatsanwalt stand auf und ging, bei jeder Frage mit einem metallenen Lineal auf seine Handfläche schlagend, hinter seinem Stuhl auf und ab.

»Woher kannten Sie Pietro de Felice?«

»Ich habe ihn nicht gekannt!«

»Wissen Sie, dass Pietro de Felice ein linksextremistischer Terrorist war?«

»Nein, das habe ich nicht gewusst«, sagte Carlo erschrocken und versuchte glaubhaft zu klingen.

»Waren Sie in der Bundesrepublik Deutschland Mitglied einer verbotenen linksextremistischen Vereinigung?«

»Nein«, versicherte Carlo. »Ich war nie in irgendeiner politischen Organisation.«

»Gehörten Sie zu den in Deutschland so genannten ›Sympathisanten‹ der RAF, der Baader-Meinhof-Bande?«

»Nein.«

»Nein? Haben Sie nicht einen Aufruf unterschrieben, der dafür warb, dem Andenken an einen in der Haft verstorbenen Terroristen einen Spielfilm zu widmen?« Carlo versuchte tief durchzuatmen. Er fühlte, wie seine Fußzehen ihr Gefühl verloren, er wollte aufstehen.

»Bleiben Sie sitzen!« fuhr ihn der Schnösel an, »haben Sie diesen Aufruf unterschrieben, ja oder nein?«

»Ja. Aber das war eine Gefälligkeit, die ich dem Regisseur des Films ...«

»Das war eine offenkundige Sympathieerklärung für den Terrorismus. Und doch sagten Sie eben, Sie seien kein

Sympathisant der Roten-Armee-Fraktion. Ich frage Sie jetzt: Hatten Sie in Italien jemals Verbindung mit den Brigate Rosse, den Roten Brigaden?«

»Nein.«

»Was wussten Sie vom geplanten Attentat de Felices auf einen hohen italienischen Staatsbeamten?«

»Attentat? Was für ein Attentat?«

»Stellen Sie sich nicht dümmer, als Sie sind! Wie lange kannten Sie Pietro de Felice?«

»Ich habe ihn nicht gekannt!«

»In einem Ihrer Bücher nennen Sie einen assyrischen Umstürzler Felice!«

»Felisar, nicht Felice!« schrie Carlo, sich in seinem Stuhl krümmend. Er merkte, wie ihm der Schweiß in die Augen lief. Es war unerträglich heiß in dem kleinen Raum. In einer Ecke seines gemarterten Hirns fragte er sich, wieso dieser Dandy seine Bücher kannte.

»Darf ich ein Glas Wasser haben?« fragte er schwer atmend.

»Etwas Besseres, fürchte ich, werden Sie in der nächsten Zeit auch nicht zu trinken bekommen.«

Carlo wollte etwas sagen, aber sein Hirn war leer, er spürte eine saure Übelkeit aus seinem Magen heraufkriechen. Der Staatsanwalt hatte sich wieder an seinen Schreibtisch gesetzt und füllte ein rosafarbenes Formular aus.

»Dies ist ein Haftbefehl«, sagte er, als wäre es ein Rezept für eine Arznei.

»Kann ich einen Anwalt anrufen?« fragte Carlo leise. Der Beamte stand auf, ging zur Tür, und gleich darauf erschienen die beiden Männer, die ihn hergebracht hatten, bedrohlich hinter ihm.

»Bringt ihn weg!« befahl er und gab einem der beiden den Zettel.

»Ich möchte mit einem Anwalt telefonieren! Ich habe das Recht auf einen Anwalt!« wiederholte Carlo und wischte sich den Schweiß von Stirn und Hals. Der Staatsanwalt hatte sich schon wieder an seinen Schreibtisch gesetzt und sagte mit einem letzten Blick über seine Brillengläser:

»Die Botschaft der Bundesrepublik Deutschland wird von uns verständigt.«

Eine Stunde später bezog Carlo Kroll eine Einzelzelle im Gefängnis Regina Coeli. Das ist eines der ältesten Gefängnisse Italiens, in jeder Beziehung veraltet, und sollte schon zu Mussolinis Zeiten abgerissen werden, nicht wegen der schlimmen Verhältnisse im Innern, sondern weil der Diktator eine breite Treppe unterhalb des Garibaldi-Reiterstandbildes vom Gianicolo herunter bis zum Tiber geplant hatte. Dieser Anlage sollte der weitläufige Gefängniskomplex weichen.

Wie man weiß, kam es nicht dazu, und so hockte Carlo nun in der brüllenden Hitze dieser ersten Julitage in einer engen Zelle. An Stelle des Fensters gab es schräg gemauerte Schlitze, die keinen Ausblick nach draußen gewährten und auch kaum Licht und Luft hereinließen. Am Abend hörte man die Rufe der Insassen und deren Angehöriger, wie sie vom Gianicolo herab und vom Gefängnis hinauf Namen riefen und Botschaften austauschten.

Am nächsten Morgen beim Hofgang traf Carlo einen alten Bekannten aus Trastevere wieder. Nazareno de

Angelis war ein noch junger, hübscher Kerl aus der trasteverinischen Diebesmafia. Offiziell war er Automechaniker, trieb aber, das wusste jeder, lebhaften Handel mit gestohlenen Autos und kam daher unvermeidlich immer wieder mit dem Gesetz in Konflikt.

Nazareno begrüßte Carlo recht heiter und war offenbar gar nicht erstaunt, ihn in dieser Umgebung wieder zu sehen. Er lag auf dem Zementboden des Gefängnishofes so locker, als befände er sich am Strand von Ostia. Jacke und Unterhemd hatte er zusammengerollt unter seinen Kopf geschoben. Sein nackter, athletischer Oberkörper war sonnengebräunt. Offenbar ging es ihm gut. Carlo zog seine Jacke aus und setzte sich neben ihn.

»Was haben sie dir denn angehängt? Warum bist du hier?« fragte Nazareno. In kurzen Worten erzählte Carlo die Schneeballgeschichte. Als er zu dem Selbstmord de Felices in der Zelle kam, schüttelte Nazareno ungläubig den Kopf.

»Wenn das ein Selbstmord war, lass ich sie mir abschneiden!« lachte er und unterstrich seine Worte mit einer sehr italienischen Geste.

»Es ist ja erst ein paar Tage her, und ich erinnere mich sehr gut an diesen de Felice. Er war alles andere als ein deprimiertes Würstchen. Er war voller Energie und agitierte hier im Hof für seine politischen Ideen.«

»Wer könnte ihn denn umgebracht haben?« fragte Carlo, und Nazareno erwiderte:

»Schau dich einmal hier um. Ich sehe auf Anhieb drei oder vier Typen, die mit Handkuss einen Mord begehen würden.« Der Handkuss, so viel verstand Carlo, war eine Anspielung auf die Mafia.

In der Zelle zurück, verwünschte Carlo zum ersten Male seine Neugier. Der Schneeball, den Pietro de Felice geworfen hatte, war größer und größer geworden und drohte nun ihn, Carlo Kroll, zu erdrücken, und er selbst hatte ihn ins Rollen gebracht!

Am nächsten Morgen wurde er in den Besucherraum gebracht, wo ihn ein Herr Füssel begrüßte, der sich als Attaché der deutschen Botschaft vorstellte.

»Da sind Sie aber in eine böse Geschichte hineingetappt, Herr Kroll. Und das ganz durch Ihre eigene Schuld.«

Carlo gab sich zerknirscht. Es tue ihm ja Leid, seine Nase in diese Geschichte hineingesteckt zu haben, es sei aber nur aus schriftstellerischer Neugier geschehen, und er sehe immer noch nicht ein, wieso aus so einer augenscheinlich harmlosen Begebenheit ein politischer Fall werden konnte. Schließlich ginge es doch anfänglich nur um einen Schneeball, von dem, zugegeben, anscheinend ein prominenter Politiker getroffen worden, dabei aber keineswegs zu Tode gekommen war, so dass es schwer falle, die ganze Aufregung zu verstehen. Dann habe es sogar einen Toten gegeben, und er, Carlo, sei im Gefängnis gelandet, ohne eine erkennbare Straftat begangen zu haben. Und das alles nur, weil ein Politiker wegen eines Schneeballs, den ein ehemaliger Terrorist nach ihm geworfen hat, Amok zu laufen beginne. Außerdem habe er nach zwei Tagen Haft noch immer keinen Anwalt.

Füssel hatte geduldig zugehört. Er war ein etwas rundlicher, gemütlicher Endvierziger. Er setzte sich Carlo gegenüber an den langen Tisch, bot ihm eine dünne Filterzigarette an, die der jedoch ablehnte, und zündete sich selbst eine an.

»Sie haben Recht, wenn Sie an dem Schneeball zweifeln. Der Schneeballwurf de Felices war keiner, er war etwas ganz anderes. Der Exterrorist hatte immer noch eine alte Rechnung mit Antonutti offen, aus Zeiten, als dieser Verteidigungsminister gewesen war und die Polizei unter sich hatte. Nicht dass er Antonutti nach dem Leben getrachtet hätte, die Zeiten waren vorbei. Er arbeitete seit Jahren als erfolgreicher Pressefotograf, stellte Antonutti seit langem nach und lauerte darauf, ihn einmal in einer kompromittierenden Situation ›abzuschießen‹, um ihn mit einem solchen Foto möglicherweise zu erledigen.

Nun nehmen wir an, dass er an jenem Morgen auf der Piazza Navona den Augenblick gekommen sah. Wer sich da in Gesellschaft des Senators befand, wissen wir nicht. In der Tat hatten Kinder auf der Piazza Navona sich mit Schneebällen beworfen, und das hatte den alten Fuchs Antonutti während der rutschigen Fahrt in sein Büro auf die Idee gebracht, sich als anonymes Schneeballopfer hinzustellen, falls es nicht gelingen sollte, den besagten Vorfall vor der Öffentlichkeit und vor allem der Presse ganz geheim zu halten, und so blieb sein Name unerwähnt, und aus de Felice wurde ein von der Braut verlassener arbeitsloser armer Teufel, der mit Schneebällen um sich warf. Man hatte den ›Attentäter‹ dingfest gemacht, und als man ihn identifiziert hatte, wurde er ins Gefängnis gesteckt. Damit glaubte man erst einmal, dass die Sache, wie so oft, unter den Teppich gekehrt sei.

Der Selbstmord de Felices brachte die Angelegenheit wieder ans Tageslicht und in die Zeitung, und hier ging es nun darum, den Vorfall so weit wie möglich herunterzuspielen und vor allem den Politiker herauszuhalten.

Dass dies nicht ganz funktionierte, sieht man daran, dass Sie anfingen, nachzufragen. Ihr allzu auffälliges Interesse an dem Fall kam den Leuten um den Senator sehr ungelegen zu einer Zeit, als man mit der Meldung von de Felices Selbstmord geglaubt hatte, der Fall sei endgültig abgeschlossen.

Jetzt kann ich Ihnen auch den Vorfall schildern, wie er sich uns darstellt. Das tue ich allerdings nur unter der Bedingung, dass Sie mir Ihr Ehrenwort geben, es gleich wieder zu vergessen. Also: kein Wort über die ganze Sache, und das gilt für jede Äußerung, schriftlich oder mündlich und für alle Zeiten.«

Carlo nickte nur, was Füssel als Ausdruck seines Ehrenwortes zu genügen schien. Er blickte zu dem Gefängniswärter, der in der Nähe der Tür stand, ab und zu mit seinem schweren Schlüsselbund klapperte und kaum an der Unterhaltung interessiert war, die ja auf Deutsch geführt wurde, und es war nicht anzunehmen, dass der Wärter auch nur ein Wort verstand. Füssels Stimme sank dennoch zum Flüstern herab, als er sein Geheimnis lüftete:

»Die Sache ist eigentlich ganz einfach, wäre auch kaum die ganze Aufregung wert, wenn Antonutti nicht den Ruf eines treuen, erzkatholischen Ehemanns hätte. Aber an jenem Morgen, als er nicht in Begleitung seiner Frau, die krank in einer römischen Klinik darnieder lag, aus der Kirche, sondern gut vermummt aus einem Haus in der Via Monserrato trat, war er in Begleitung, ebenfalls mit Hut und Schal unkenntlich gemacht. Wir nehmen an, dass es sich um eine Dame handelte, deren Existenz und Identität Antonutti auf keinen Fall der Öffentlichkeit preisgeben wollte und von der er sich mit einem Kuss auf der Piazza verabschiedete.

In diesem Augenblick muss de Felice den Politiker fotografiert haben und hatte, bevor Antonuttis Leibwächter eingreifen konnten, die Flucht ergriffen. Nach einer längeren Jagd wurde er schließlich gestellt, jedoch ohne seine Kamera mit dem kompromittierenden Film. Es war nicht ganz einfach, das Geschehene unter Kontrolle zu halten und dafür zu sorgen, dass der Vorfall nicht öffentlich wurde. Wir glauben auch, dass de Felice massiv unter Druck gesetzt wurde, um herauszubekommen, wo der Film geblieben war, denn man musste befürchten, dass die Fotos einer Zeitung oder einer Agentur zugespielt würden. Wie es gelang, den Vorfall zu bagatellisieren, wissen wir nicht, aber sicher war es der Schnee, der dabei die größte Hilfe leistete, denn nur ein so ungewöhnliches Phänomen wie Rom unter einer dicken Schneedecke machte es möglich, die ganze Angelegenheit zu vertuschen. Auf Kosten einiger Leidtragender, des Fotografen Pietro de Felice und auf – Ihre, lieber Kroll!«

Carlo hatte ungläubig zugehört. Das alles konnte doch nicht wahr sein. Schließlich saß er, Carlo Kroll, in dieser unrealen, völlig undurchsichtigen Geschichte ganz real im Kittchen. Darum platzte ihm beinahe der Kragen.

»Sie erzählen mir hier Klatschgeschichten, Herr Füssel, geben mir zu verstehen, dass ich in eine heikle politische Intrige verwickelt bin – sagen Sie mir lieber, wie ich hier rauskomme!« Füssel machte ein nachdenkliches Gesicht.

»Ich fürchte, Sie verstehen Ihre Lage immer noch nicht. Sie werden durch uns einen Vertrauensanwalt bekommen, aber die Italiener stehen auf dem Standpunkt, dass staatsgefährdende Vergehen, ja, schon der Verdacht auf terroristische Machenschaften, die demokratischen Bürgerrechte weitgehend außer Kraft setzen. Wie viel mehr bei einem Ausländer. Sie kommen sicher bald auf freien Fuß, wenn Sie die eine Bedingung erfüllen, die man Ihnen stellt. Sie dürfen diese Geschichte unter keinen Umständen benützen oder in irgendeiner Form veröffentlichen. Man hat Ihnen gegenüber auch Mittel, dieser Forderung Nachdruck zu verleihen, Sie könnten als Persona non grata des Landes verwiesen werden.

Der Senator hat seinen guten alten Freund, den deutschen Außenminister Genscher, angerufen, der übrigens Ihre Bücher mag, und der hat dann meinen Vorgesetzten, den deutschen Botschafter in Rom, in diese Angelegenheit eingeschaltet. Sie sehen, Ihr Schneeball, der keiner war, droht eine Lawine zu werden, und wir müssen sehen, dass wir den Schaden begrenzen, und deshalb bin ich hier.«

Während der Darstellung Füssels war Carlo nur eine Frage durch den Kopf gegangen: ›Wenn das Ganze verschwiegen werden sollte, warum dann überhaupt eine Zeitungsnotiz?‹ Vielleicht gab es einen anderen Grund, die Angelegenheit geheim zu halten. An die Sache mit der Frau, die in Begleitung Antonuttis war, konnte Carlo nun gar nicht glauben. Denn man konnte Antonutti für raffiniert, hinterhältig, korrupt und was auch immer halten, aber eines war er gewiss nicht: ein ›homme à femmes‹. Es musste irgendeine andere Geschichte dahinter stecken, und Carlo fragte sich, ob Füssel die ganze Wahrheit zurückhielt oder sie vielleicht selbst nicht einmal kannte. So versuchte Carlo in einem Anfall von Tollkühnheit, in das Wespennest hineinzustechen:

»Ich muss mich wundern, dass Sie, und damit die Bundesrepublik Deutschland, sich vor diesen schmutzigen Karren spannen lassen.«

Füssel wurde schlagartig ernst und ungemütlich.

»Was reden Sie da, Mann?« Carlo legte nach:

»Sie glauben doch nicht im Ernst, dass de Felice sich deprimiert in seiner Zelle erhängt hat? Er wurde schlicht und einfach umgebracht! Sie wissen selbst, hier sitzen so viele Mafiosi, die kein Problem haben, einen solchen von draußen kommenden Auftrag auszuführen, mehr brauche ich Ihnen doch nicht zu sagen.« Jetzt war es an Füssel, betroffen dreinzuschauen.

»Haben Sie dafür Beweise?« fragte er, sich räuspernd.

»Natürlich nicht! Aber hier drinnen gilt das als sonnenklar. Fragen Sie einmal herum.« Es entstand eine lange Pause. Füssel rauchte und dachte nach. Dann stand er abrupt auf, drückte den Zigarettenstummel in einer mit Sand gefüllten Blechdose aus und sagte leise, jedes Wort betonend:

»Was Sie da sagen, ich meine, wenn Sie Recht hätten, würde das natürlich die ganze Sachlage ändern. Wenn es nicht um eine kleine Gefälligkeit in einer harmlosen Weiberaffäre geht, sondern um einen schmutzigen politischen Mord, dann kann unsere Seite, ich meine die Botschaft der Bundesrepublik Deutschland, nichts mehr für Sie tun. Ich werde höchstens dafür sorgen können, dass Sie einen Anwalt bekommen. Dann muss der den Karren aus dem Dreck ziehen, in den Sie ihn gefahren haben. Haben Sie selbst keinen Anwalt?«

Carlo hatte es in all den Jahren vermieden, mit dem Gesetz in Berührung zu kommen, und schüttelte den Kopf.

»Soll es ein deutscher oder ein italienischer Anwalt sein?« fragte Füssel. Carlo überlegte nicht lange und sagte:

»Keinen deutschen.«

»Ich werde sehen, was ich für Sie machen kann.« Damit gab er dem Wärter ein Zeichen aufzuschließen und verließ grußlos den Raum. Carlo wurde in seine Zelle geführt. Er schwitzte und zog sich bis auf die Unterhose aus. Aber diesmal war es nicht die Hitze. Er hatte plötzlich Angst. Angst, wegen dieser blöden Geschichte vielleicht sogar umgebracht zu werden. Als es Zeit für den Hofgang wurde, weigerte er sich, daran teilzunehmen. Er dachte an die finsteren Typen, auf die Nazareno de Angelis ihn aufmerksam gemacht hatte und von denen einer vielleicht Pietro de Felices Mörder war. Am nächsten Morgen sehr früh wurde Carlos Zelle aufgeschlossen, und ein sehr veränderter, aufgeräumter Füssel trat in die Zelle. Er warf eine Hand voll Zeitungen, La Repubblica, Il Messaggero, Il Tempo und l'Unità auf Carlos Pritsche: »Schauen Sie sich das an!«

Auf den Titelseiten der Blätter prangte, wenn auch in verschiedenen Größen, das gleiche Foto, das zwei Männer auf einer schneebedeckten Piazza zeigt. Beide tragen dicke Schals und Hüte. Der eine Mann war leicht als Antonutti zu erkennen, mit seiner dicken Brille, den schmalen Schultern unter dem kurzen Hals und den trotz Hut erkennbaren, grotesk abstehenden Ohren. Man sah, wie er sich zu dem etwas kleineren, untersetzten Mann beugte, als küsse er ihn. Carlo las die Schlagzeilen: »Der Senator und der Mafiaboss«, »Der Kuss des Kardinals!« »Antonutti ein Mafioso?« Und unter den Schlagzeilen, etwas kleiner gedruckt: »Antonutti mit dem Boss der Bosse«, »Der Politiker enger Verbindungen mit der sizilianischen Mafia angeklagt«, »Opposition fordert Aufhebung der Immunität«.

Carlo nahm den Messaggero zur Hand. Das Foto zeigte unverkennbar die Piazza Navona unter einer Schneedecke. Es konnte sich nur um ein Foto handeln, das an jenem Schneetag auf der Piazza Navona entstanden war und das Antonutti jetzt doch noch zum Verhängnis geworden war. Bei seiner Flucht vor den Leibwächtern musste es de Felice mit Hilfe eines Freundes gelungen sein, sich der Kamera mit dem explosiven Film zu entledigen und diesen einer Presseagentur zukommen zu lassen.

Jetzt wurde Carlo auch klar, dass man Pistilli offenbar gezwungen hatte, das Foto verschwinden zu lassen, den Artikel zu verfälschen und von der ersten Seite in den Lokalteil zu verbannen. Ganz konnte man das Ereignis offensichtlich nicht mehr verschweigen, da es zu einer Menge Gerüchte, und nicht nur in den römischen Bars, geführt hatte.

Unter dem Zeitungsbild las Carlo, sehr klein gedruckt: Foto: de Felice.

»Sie sind ein Glückspilz«, lachte Füssel gemütlich, »wir nehmen an, dass Antonutti jetzt andere Sorgen hat, als Ihre Geschichte mit Pietro de Felice weiter zu verfolgen!«

Carlo saß am gleichen Abend wieder vor seiner Stammkneipe in Trastevere und erholte sich von der Gefängnisküche. Selbst Leo, sein sardischer Wirt, staunte über

Carlos Appetit, aber der verriet ihm nicht den Grund für die Diät der letzten Tage. Er hat über den Schneeball niemals ein Buch geschrieben, nicht einmal raffiniert verschlüsselt in einem seiner mesopotamischen Wälzer. Auch hat er darüber mit (fast) keinem Menschen gesprochen …

Der weiße Anzug

Mein erster ausländischer Film hieß »Wer sind Sie, Dr. Sorge?« und wurde 1960 in Hongkong und Japan gedreht. Ich flog Ende Mai, etwa vierzehn Tage vor dem geplanten Drehbeginn, von Paris ab. Damals war noch nicht das Jet-Zeitalter angebrochen. Ein Flug nach Japan dauerte etwa 36 Stunden mit zahlreichen Zwischenlandungen. Bei jedem dieser Aufenthalte unterbrach ich den Flug, sah mich in der jeweiligen Stadt um, flog manchmal schon am nächsten Tag weiter oder blieb für einige Tage, wie es mir gerade so einfiel, denn damals konnte man noch reisen, ohne Flug und Hotel lange vorher buchen zu müssen. So wählte ich eine Route, die mich über Amsterdam, Athen, Istanbul, Teheran, Karatschi, Rangun, Bangkok erst einmal nach Hongkong, meinem ersten Drehort, führte.

Nach einem verspäteten Flug kam meine Super-Constellation, eine viermotorige Propellermaschine, so spät in Hongkong an, dass die französische Produktionsfirma, deren Vertreter mich am Flughafen händeringend erwartete, mich gleich zum Drehort bringen lassen wollte.

Ich weigerte mich, erklärte, dass ich vorher zumindest kurz im Hotel vorbeifahren müsse. Die Fahrt in einem nicht gerade komfortablen VW-Bus ging, wie mir schien, nicht ins Zentrum, wo ich mein Hotel vermutete, sondern durch rein chinesische Viertel, bis der Wagen endlich vor einem niedrigen Bau zum Stehen kam. Es war in der Tat ein chinesisches Hotel, in das ich kurz hinein- und hinterrücks wieder hinausging, so widerlich schien mir der Gedanke, in diesem Schuppen zu wohnen, und ich verlangte, dass man mich ins Gloucester Hotel fahre, ein zwar altes, aber solides Steingebäude, das ich mir in einem Reiseführer ausgeguckt hatte als ein englisch geführtes Haus mitten in Hongkong, das heute übrigens eine Bank ist.

Die großartigen Hotels, die man heutzutage in Hongkong findet, vom ehrwürdigen Peninsula in Kowloon abgesehen, gab es damals noch nicht. Mein Begleiter tat, wie ich gefordert hatte, machte mir aber klar, dass man danach unbedingt auf schnellstem Weg nach Aberdeen, einem Hafen etwa eine halbe Stunde von Hongkong entfernt, weitermüsse, um mit mir eine kurze Szene drehen zu können, bevor das Tageslicht wegginge.

Am Gloucester angekommen, sprang mir der malerische Chasseur, der Türsteher, ins Auge, ein riesiger, rothaariger und rotgesichtiger Engländer in einer prächtigen tressenbesetzten Uniform wie ein Kirchenschweizer. Doch das Auffallendste an ihm war der Schnurrbart, eine Art roter Besen von mindestens 30 Zentimetern Länge nach beiden Seiten. Er grüßte höflich und hielt mir die Tür auf, ich lief in die Halle, versicherte mich an der Rezeption, dass ein Zimmer frei war, das ich gar nicht in Augenschein nehmen konnte, ließ mein Gepäck in der Obhut eines Bellboys, der gegen ein beträchtliches Trinkgeld für mich einchecken und mein Gepäck auf mein Zimmer bringen sollte, und schon ging es in einer rasenden Fahrt los.

Dem chinesischen Fahrer musste mein französischer Begleiter wohl mit der Todesstrafe oder Schlimmerem gedroht haben, falls er es nicht schaffte, rechtzeitig den Drehort zu erreichen. Es ging vorbei an der Repulse Bay, bis man zu jener Bucht kam, in der schon damals die riesigen chinesischen Floating Restaurants, zwei schwimmende Monster, lagen.

Doch war der Hafen damals noch nicht »bereinigt«, über fünfhunderttausend Menschen wohnten in kleinen Booten, die meisten mit einem Tonnendach aus blauem Segeltuch, eines ans andere gedrängt, so dass man ohne Mühe, von einem zum andern hinübersteigend, die ganze Bucht überqueren konnte.

Mit dem Wasser, auf dem diese Bootsstadt schwamm, sollte ich in meiner ersten Szene Bekanntschaft schließen. Zuerst machte ich mir darüber keine Gedanken. Was sollte schon dabei sein? Bis ich mir das »Wasser« aus der Nähe anschaute: Ein schwärzlicher, dickflüssiger Brei! Da außerdem keine Zeit geblieben war, mir ein Kostüm für den Film zu beschaffen – durch mein selbst verschuldetes Zuspätkommen, wie mir der französische Produktionsleiter nur mäßig bedauernd mitteilte –, musste mein fast neuer weißer Reiseanzug als Kostüm herhalten.

Die erste Szene bestand nun darin, dass ich, über die Boote fliehend, von japanischen Agenten verfolgt, mein lebensrettendes Heil im Wasser suchen musste, um so, vollkommen untertauchend, den Verfolgern zu entkommen. Mein Hinweis auf den schönen weißen Anzug fruchtete nichts, ich musste in die schwarze Brühe, weigerte mich aber standhaft, auch den Kopf einzutauchen. Langsam ließ ich mich in die schlammige Soße hinab, sorgsam darauf achtend, nicht tiefer als bis zur Unterlippe einzutauchen. Dicht vor meinen Augen schwammen Speisereste, auch ganz unverkennbar menschliche oder tierische Ausscheidungen, um nicht Scheiße zu sagen. Es stank infernalisch, meine Nase war dankbar, wenn sie hin und wieder einen Hauch von Dieselöl mitbekam, und weiter unten hatte ich das Gefühl, dass Millionen von winzigen Bazillen, Amöben, Bakterien oder Würmern in meine Körperöffnungen und die Haut drangen.

Da ich nur diesen einen Anzug hatte, konnte die Szene Gott sei Dank nicht wiederholt werden, und nach gut zwei Stunden zog man mich, obwohl eine drückende Hitze herrschte, vor Kälte schlotternd aus dem stinkenden Schlick. Mein weißer Anzug war schwarz gefärbt, und ich hatte nur einen Gedanken: eine heiße, reinigende Dusche. So fragte ich nach Bad, Seife, Handtüchern, Ersatzkleidern, erntete aber nur bedauerndes Achselzucken. Nichts von alledem war vorhanden. Ich war sprachlos vor ungläubigem Entsetzen, wollte lautstark aufbegehren, aber niemand der Verantwortlichen, ob Regisseur oder Produzent, war in Sichtweite. Ich verstand das Wort Hotel, irgendjemand öffnete die Schiebetür des VW-Busses, mit spitzen Fingern schubste man mich hinein, die Tür rollte ins Schloss, der chinesische Fahrer fuhr los und zeigte seine Fahrkunst – war es der gleiche wie bei der Herfahrt? Zu jener Zeit schienen mir noch alle Chinesen gleich auszusehen. Meine Schuhe, die eine

Tonne zu wiegen schienen, hatte ich ausgezogen, und ich lehnte mich gottergeben auf die Sitzbank zurück.

Ich schaute hinaus, doch die Landschaft glich überhaupt nicht der, die ich auf der Herfahrt vorüberhuschend wahrgenommen hatte. Es durchfuhr mich heiß, als ich zu begreifen begann, dass es doch ein anderer Fahrer sein musste und dass ich mich auf der Fahrt zu jenem chinesischen Hotel befand, da ich ja überhaupt keine Gelegenheit gehabt hatte, meinen Wechsel der Adresse an den Mann zu bringen, meinen französischen Begleiter bei der Herfahrt hatte ich überhaupt nicht mehr zu Gesicht bekommen. Ich rückte hinüber hinter den Fahrersitz. Der Chinese hatte mich bisher misstrauisch im Rückspiegel beobachtet, und jetzt, da er mich nicht mehr sah, beugte er sich nach vorn übers Lenkrad und beschleunigte das Tempo noch weiter. Ich tippte an seine Schulter und fragte auf Englisch, ob er auch wirklich zum Gloucester Hotel fahre, zum Gloucester, GLOUCESTER! Natürlich sprach der Kerl kein Wort Englisch, ich fluchte und schrie schließlich: »Stop! Stop! Stop!« Das sollte doch auch ein chinesischer Chauffeur verstehen!

Draußen sah ich an dieser oder jener Kreuzung einen chinesischen Verkehrspolizisten in Khaki-Uniform mit kurzen Hosen stehen. Die Idee, ein doch wenigstens drei Worte Englisch sprechender Polizist könne mir helfen, ließ mich laut »Police!« ins Ohr des Fahrers schreien, worauf dieser die Geschwindigkeit noch einmal erhöhte. In meiner Verzweiflung packte ich den Kerl vor mir am Hals, drückte zu und schrie »STOP! STOP! STOP!« Dem Armen traten die Augen aus den Schlitzen, schließlich trat er heftig auf die Bremse, der Wagen schleuderte bedrohlich und kam endlich zum Stehen. Ich packte meine Schuhe, drückte die Schiebetür auf und sprang aus dem Wagen. Der Chinese stieg aufs Gas und fuhr mit quietschenden Reifen davon.

Es war dämmrig geworden, aber die Hitze war immer noch groß genug, um meinen Anzug allmählich zu trocknen. Ich blickte an mir hinunter: Er hatte jetzt eine dunkelgraue Farbe angenommen. Zum ersten Mal nach langen Jahren wieder einmal hielt ich den Daumen des Hitchhikers hoch, um ein vorbeifahrendes Auto zum Anhalten zu bringen, aber ich sah ein, dass es bei meinem Aussehen niemandem eingefallen wäre, mich mitzunehmen. Ich wartete, fluchte vor mich hin und zerdrückte wohl auch einige Tränen der Wut und Verzweiflung. Mein Anzug war nun an meinem Körper getrocknet, und ich rieb und klopfte den trockenen Schlamm aus dem Stoff. Langsam setzte sich fleckiges, helleres Grau durch.

Es war fast dunkel geworden. Als ich schon die Hoffnung verloren hatte, hielt ein großes schwarzes Taxi neben mir.

Im Gloucester angekommen, griff ich in die Hosentasche, suchte nach meiner Börse, nach meiner Brieftasche: nichts, und erst jetzt fiel mir ein: Vor der Szene in Aberdeen hatte ich Pass und Geld, um beides vor dem Nasswerden zu schützen, einer Assistentin, oder war es eine Garderobiere, gegeben, nachher aber nicht zurückbekommen. Ich lächelte, um Geduld bittend, den Taxifahrer an und ging auf den mächtigen, uniformierten Zerberus zu. Kleinlaut fragte ich ihn, ob er mir das Fahrgeld vorschießen könne, um den wartenden Fahrer zu bezahlen.

Mit Fistelstimme und einem schrecklichen Cockney-Akzent fragte er zurück:

»Whoy should Oi do fis?«

Ich erklärte ihm, dass ich Gast dieses Hotels sei. Er schüttelte leicht seinen gigantischen Schnurrbart und sagte:

»Oi down't fink sow!«

Als ich an ihm vorbei wollte, packte er mich mit eisernem Griff an meinem dreckstarrenden Anzugsärmel, ich versuchte mich zu befreien, und hinter mir zupfte der Taxifahrer zeternd an dem anderen Ärmel. Ich schrie dem Dicken ins Gesicht:

»Would you bloody mind to let me go, you twit!?«

Er war wohl so erstaunt, dass er tatsächlich seinen Griff für einen Augenblick lockerte. Das genügte mir, mich loszureißen und in die Lobby zu flüchten, gefolgt von dem Taxifahrer und dem nicht so wendigen Türsteher.

Ich rannte zur Rezeption und versuchte kühl zu erscheinen, die einzige Möglichkeit, sich bei Engländern ernsthaft Gehör zu verschaffen. Der Taxifahrer stand neben mir und konnte zu meiner Verwunderung auf einmal ein paar Worte Englisch:

»No pay! No pay!«

Hinter mir spürte ich die Masse des dicken Türstehers und seinen Whiskeyatem im Nacken. Ich versuchte zu erklären, dass ich gegen Mittag ein Zimmer gemietet hätte. Der Rezeptionist schaute auf seine Liste, fragte nach meinem Namen und der Zimmernummer. Die kannte ich natürlich nicht.

»Ich habe mein Zimmer noch nicht bezogen!«

»Das sehe ich. Ich habe Ihren Namen nicht auf der Reservierungsliste, und Sie haben hier keine Zimmernummer, sind Sie sicher, dass Sie sich nicht im Hotel geirrt haben?« –

»Aber mein Gepäck ist hier, in einem Zimmer oder in Ihrem Depot. Ich habe es einem Hotelboy gegeben, der für mich einchecken sollte.« –

»Das darf der gar nicht. Sehen Sie ihn hier irgendwo?« Nein, er war nicht zu sehen. ›Vielleicht ist der mit meinem Gepäck und meinem Trinkgeld abgehauen‹, dachte ich erschrocken. So langsam verlor ich meine Ruhe.

»Ist dies das Gloucester Hotel oder nicht?«

»Of course it is, Sir. Haben Sie einen Pass, mit dem Sie sich ausweisen können?«

»Der ist am Drehort bei meiner französischen Produktionsfirma!« schrie ich. Sofort spürte ich die Bärenpranke des Dicken hinter mir auf meiner Schulter, und seine rechte Schnurrbartspitze kitzelte mein Ohr. Mir war aber nicht zum Lachen, sondern ich wurde immer wütender. Jetzt fragte der Empfangsmensch mit der gleichen arroganten Ruhe, die mich zur Weißglut brachte:

»Haben Sie denn Geld, um sich ein Zimmer bei uns leisten zu können? Soweit ich verstehe, können Sie nicht einmal Ihr Taxi bezahlen.« –

»Mein Geld ist ebenfalls bei der französischen Filmfirma!« heulte ich auf, verfluchte innerlich pauschal Engländer, Franzosen und Chinesen.

»Was soll ich mit ihm tun, Sir?« hörte ich hinter mir den Rothaarigen fragen und wurde gleichzeitig einen Fuß hoch in die Luft gehoben. Der Taxifahrer profitierte von meiner Wehrlosigkeit und versuchte, in meine Hosentaschen zu langen. Ich schrie und trat um mich.

»Lassen Sie den Gentleman los, Jenkins!« ertönte plötzlich rechts von mir eine etwas nölige Stimme in feinstem Oxford-English. Ich bekam augenblicklich wieder Boden unter den Füßen und wandte mich dem Ankömmling zu. Der musterte mich, ohne eine Miene zu verziehen, faltete friedfertig die Hände und stellte sich als Besitzer des Hotels vor. Ich verstand so etwas wie Lindsay Harrington oder Kensington. Sein feiner grauer Anzug roch förmlich nach Burlington Arcade. Darunter trug er ein tadellos gebügeltes blaues Hemd und eine gestreifte Clubkrawatte. »Gibt es da irgendein Problem, Sir?«

Ich schaute an mir herunter und bemerkte, dass ich noch meine Schuhe in der Hand hatte. Ich stellte sie auf die kühlen Steinfliesen und versuchte erfolglos, meine Füße darin unterzubringen. Dabei erzählte ich in wenigen Worten von meiner Pechsträhne seit meiner Ankunft in Hongkong.

Mr. Harrington – oder Kensington – lächelte und befahl:

»Jenkins, bezahlen Sie das Taxi des Gentleman!« Dann wandte er sich zu dem Ekel an der Rezeption:

»Geben Sie Mr. Adolf – so war doch der Name? – sofort sein Zimmer! Und lassen Sie sein Gepäck suchen und nach oben bringen!« Dann schaute er mich noch einmal von oben bis unten an und sagte mit einer unnachahmlichen Mischung aus Lächeln und Naserümpfen:

»Ich glaube, das Einzige, was Mr. Adolf jetzt dringend braucht, ist eine heiße Dusche!«

Zypriotische Eröffnung

Am 7. Dezember 1932 brachte die Berliner Abendzeitung »Spandauer Echo« auf der ersten Seite unter der Überschrift: »Eifersuchtsdrama: Othellodarsteller tötet eigene Frau« die folgende Meldung:

> »Wie wir soeben erfahren, hat gestern Abend gegen zweiundzwanzig Uhr der bekannte Schauspieler Harald Müller-Graf seine Ehefrau Hedwig erwürgt, nachdem er im Lessing-Theater in der Shakespeare-Tragödie ›Othello‹ die Hauptrolle des eifersüchtigen Mohren gespielt hatte.«

Nach der Vorstellung, schrieb das Blatt weiter, sei er in seine Wohnung in Berlin-Dahlem zurückgekehrt, wo er seine Frau mit einem Liebhaber überrascht habe, der allerdings unerkannt habe fliehen können. Nach der Tat sei er mehrere Stunden lang in geistiger Verwirrung ziellos durch die Straßen der Stadt geirrt und im Morgengrauen von Beamten der Schutzpolizei am Ufer des Hundekehlsees aufgegriffen worden, als er völlig entkleidet seinem

Leben im eiskalten Wasser des Sees ein verzweifeltes Ende setzen wollte.

Über eine Woche lang füllte die sensationelle Geschichte auch alle übrigen Zeitungen der Republik. Man erfuhr weiterhin, dass Müller-Graf mit einer Lungenentzündung ins Krankenhaus eingeliefert worden war. Als er eine Woche später entlassen wurde, kam er in Untersuchungshaft, wurde verhört, es wurden Zeugen geladen, Kollegen, Nachbarn, Freunde; vergeblich wurde nach dem verschwundenen Liebhaber gefahndet, doch schon bald legte sich die Aufregung über die Eifersuchtstat. Der Untersuchungsrichter gewährte Haftverschonung bis zum Prozess, der frühestens fünf Monate später stattfinden würde. Er sollte sich wegen der politischen Wirren und der Machtergreifung Hitlers noch mehr verzögern.

Etwa eine Woche vor Verhandlungsbeginn im Spätsommer 1933 erhielt Müller-Graf einen überraschenden Anruf. Am anderen Ende der Leitung meldete sich Jacob Berenson, der berühmte Rezensent, der zusammen mit Kerr, Polgar und Ihering das gefürchtete Quartett der Berliner Theaterkritik bildete. Müller-Graf war dem Kritiker einige Tage vor seiner Othello-Premiere im Romanischen Café auf dem Gang zur Toilette begegnet, hatte ihn begrüßt, aber Berenson hatte keine Unterhaltung zugelassen: »Entschuldigen Sie, Verehrter, vor einer Premiere pflege ich grundsätzlich keinen Kontakt zu Künstlern, mit denen ich mich eventuell als Rezensent auseinandersetzen muss.«

Diesmal war es der Kritiker, der Müller-Graf um eine Unterredung bat. Es gehe ihm dabei nicht um dessen privates Missgeschick, wie Berenson die Untat vorsichtig umschrieb, sondern er wolle sich mit ihm über seine Arbeit unterhalten. Müller-Graf wunderte sich und wollte schon beleidigt ablehnen, denn Berenson hatte ihn als Othello gnadenlos verissen. Auf der anderen Seite war Müller-Graf jetzt mehr denn je auf gute Presse angewiesen, und so nahm er das Angebot an. Als er das Romanische Café als Treffpunkt vorschlug, in dem das Treffen sicher nicht unbeachtet verlaufen wäre, lehnte der Kritiker ab. So kamen beide überein, dass sie sich im neuen Domizil Müller-Grafs treffen würden. Der hatte die alte Wohnung in Dahlem, die geräumige erste Etage einer Gründerzeitvilla, in der sich das Unglück, so nannte Müller-Graf selbst den Totschlag seiner Frau, ereignet hatte, nach der Tat aufgegeben, um in einen neuen, preisgekrönten Bungalow im strengen Bauhaus-Stil im Grunewald zu ziehen, den ein befreundeter Bauherr ihm vermietet hatte, nachdem dessen Frau sich geweigert hatte, den »kalten Kasten« zu betreten.

Als Berenson an einem Sonntagnachmittag vor dem Haus aus der Droschke stieg, stand Müller-Graf in der offenen Haustür und begrüßte den hageren, wie meist in feierliches Schwarz gekleideten Literaten. Er selbst gab sich locker, trug ein breit gestreiftes, kragenloses Hemd unter einer beigefarbenen Strickweste und eine braune Kordhose, über der sich unverhohlen ein kleiner Bauch wölbte.

Nach der bemüht freundlichen Begrüßung führte Müller-Graf den Gast ins Haus. Berenson fragte sich beim Anblick der kühlen Pracht des Baus und der Einrichtung, ob der Schauspieler sich da in Anbetracht seiner Lage nicht übernommen habe. Allerdings hatte sich Müller-Graf, wie viele andere Schauspieler, der neuen Mode, der von Berenson hartnäckig ignorierten Kinematographie, verschrieben und in einigen Filmen der letzten Jahre offenbar recht gut honorierte Rollen gespielt. Auch wusste man, dass seine Frau aus einer wohlhabenden Familie stammte, wenn auch ein Zugriff des Witwers auf deren Vermögen in diesem Falle eher unwahrscheinlich war.

Auf der Fahrt in den Grunewald hatte sich Berenson des jungen Müller-Graf erinnert, der als jugendlicher Held von Dresden – oder war es Leipzig? – an Max Reinhardts Deutsches Theater engagiert worden war. Damals hatte man ihm eine homosexuelle Bindung mit einem berühmten Kollegen nachgesagt, bald darauf heiratete er jedoch die junge, wohlhabende Hedwig Brunnemann, die ebenfalls bei Reinhardt engagiert war, sich aber nach der Heirat vom Theater zurückzog. Müller-Graf war dann sehr schnell aus den jugendlichen Helden herausgewachsen, er hatte, wie man das nannte, »zugelegt«. Es war in jener Zeit im Schwange und auf der Bühne erfolgversprechender, wenn man als Charakterspieler Raumverdrängung besaß, wie es George, Klöpfer, Winterstein und andere vorführten, während die Schlanken wie Rasp, Minetti, Franck oder Stahl-Nachbaur lange Jahre in der zweiten Reihe der beachtlichen Berliner Schauspielergarde ausharren mussten.

Müller-Graf ließ Berenson in den zu groß geratenen Wohnraum treten, an dessen Ende eine selbst Berenson beeindruckende Bücherwand hoch in den Giebel des Hauses reichte, deren oberer Teil über eine Metallkonstruktion begehbar war. Währenddessen rief sich Müller-Graf seinerseits das wenige, das man über Jacob Berenson wusste, ins Gedächtnis. Ihm fiel die gelungene Karikatur von George Grosz ein, die den Kritiker streng gescheitelt, mit hohem Stehkragen, Kneifer auf spitzer Nase und einem altmodischen Federhalter hinterm Ohr zeigte. Vor dem Weltkrieg hatte er eine viel beachtete Sammlung von Gedichten veröffentlicht, war vom Krieg schwer verletzt heimgekehrt und hatte begonnen, für die »Welt der Bühne« Kritiken zu schreiben, die im Laufe der Jahre gefürchtet wurden. Seither hatte er bei Premieren in allen Theatern seinen festen Platz, den ersten Stuhl links in der vordersten Reihe, wo er sein lädiertes Bein ausstrecken konnte. Wenn er seinen Sitz bisweilen vor dem Stückschluss oder gar schon in der Pause verließ, konnte dies Lähmung und Schrecken unter Autoren, Regisseuren und Schauspielern auslösen.

Über sein Privatleben war wenig bekannt. Man wusste lediglich, dass er nicht verheiratet war und allein in einer kleinen Wohnung in der Nähe seiner Zeitung hauste.

Müller-Graf geleitete seinen Gast in den tiefer gelegenen Teil des Wohnraums, wo vor dem Kamin einige Mies-van-der-Rohe-Sessel um einen niedrigen Tisch herumstanden; darauf ein Schachbrett mit den wenigen Figuren einer beendeten Partie.

»Sie spielen Schach?« fragte Berenson. »Gern, aber nicht besonders gut«, antwortete Müller-Graf etwas zu bescheiden, »und nur gegen mich selbst«, fügte er scherzhaft hinzu, »da gewinne ich immer.«

Als er hinter Berenson vorbeiging, bemerkte er mit heimlicher Schadenfreude auf dessen Jackettkragen einige

Schuppen. Er lud ihn mit einer Handbewegung zum Sitzen ein.

Sie blieben eher wortkarg, bis sie vor einer Tasse Kaffee und einem Stück Streuselkuchen saßen und das ältliche Dienstmädchen sie allein gelassen hatte. Berenson tupfte sich mit einer Serviette den Mund, räusperte sich und begann vorsichtig: »Es sind nicht schnöde Sensationslust oder Neugier, die mich zu Ihnen führen, davon haben Sie in der letzten Zeit gewiss genügend erfahren, sondern es hat, wie ich schon andeutete, mit Othello zu tun.

Ich habe seinerzeit die Premiere gesehen und Sie, wie Sie wissen, hart kritisiert. Ich habe damals gefragt, warum Sie ausgerechnet den Othello spielen wollten. Sie waren nach meiner Meinung die schlimmste Fehlbesetzung des Othello, die ich jemals erlebt habe. Ich habe noch Matkowski als Othello gesehen, wahrscheinlich der Beste von allen; Fritz Kortner war ein kraftvoller, wilder, beunruhigender Othello, auch wenn ihm das Heldische etwas fehlte. Und Othello ist ein Held. Er ist naiv und besitzt einen wunderbaren, lauteren Charakter. Und den braucht man für den Othello. Den Jago kann man spielen. Er ist sicher kein Intellektueller, als den ich Sie wiederum einschätze, lieber Müller-Graf, wenn ich den Schauspieler in Ihnen damit nicht beleidige. Daher habe ich mich damals gefragt: Warum spielt er den Othello überhaupt? Und warum spielt er ihn so?

Ich muss Ihnen nicht sagen, dass Sie sich künstlerisch wie politisch zwischen alle Stühle gesetzt haben. Die linken Blätter haben Sie als volksfern bezeichnet, von den rechten wurden Sie als minderwertiger, mörderischer Hottentott verrissen, und ich, als Konservativer, wenn Sie so wollen, habe Sie als einen keiner edlen Regung fähigen Schwächling charakterisiert, während Kraus als der ›wackre‹ Jago einmütig gelobt wurde, indem er von der rechten Presse als perfekter Bösewicht zum Helden des Abends hochgejubelt wurde, von der linken als volkstümlicher Schelm belacht und von der nationalen als braver Soldat gepriesen wurde. Was insgesamt auch falsch, aber erfolgreich war. Warum haben *Sie* nicht den Jago gespielt? Sie wären sicher hervorragend gewesen und hätten sich von Kraus nicht an die Wand spielen lassen müssen, der, wie ich weiß, gerne den Othello gespielt hätte, was er aber, unter uns, auch nicht kann.«

Müller-Graf schluckte ein paar Mal und versuchte seine Verteidigung zu organisieren:

»Ich bin Schauspieler, das heißt, ich spiele einmal für mich selbst, danach für die Kunst, und dann erst für das Publikum. Ich spiele nicht für die Rechten, nicht für die Linken und auch nicht, mit Verlaub, für die Kritiker. Ich spiele für alle, für das gesamte Publikum, das ich mir nicht aussuchen kann und auch nicht aussuchen will.«

»Also gut«, versuchte es Berenson in beruhigendem Ton, »lassen wir die Politik und das Theater als großes Ganzes einmal beiseite, und kommen wir zu Ihrem eigenen, privaten Othello. Sie können sich mein Staunen und mein Erschrecken vorstellen, als ich von Ihrer schrecklichen Tat gelesen habe. Sie haben mit Othello Ernst gemacht und das Theater hinter sich gelassen. Das Leben hat damit das Schauspiel überholt und Ihnen in gewisser Weise, gegen mein Urteil, Recht gegeben, und ich hatte Ihnen, wenn man so will, Unrecht getan. Dafür müsste ich Sie eigentlich um Verzeihung bitten.«

»Das brauchen Sie nicht«, erwiderte Müller-Graf dankbar, »aber es tut mir gut. Sie wissen, mein Prozess steht bevor, und ich kann jede Aufmunterung gut gebrauchen.«

»Bitte, seien Sie nicht voreilig. Ich habe mir nämlich einige Gedanken über die Figur des Othello gemacht, die mich nicht loslassen und die ich Ihnen nicht vorenthalten möchte. Gedanken, die Ihrer Rollenauffassung diametral entgegenlaufen und die Ihren Intellekt verletzen könnten.«

»Verehrter Herr Berenson«, lächelte Müller-Graf leicht verkrampft, »ich gebe zu, Ihre Kritik hat mich damals getroffen, vor allem, weil ich Sie als Kritiker immer geschätzt habe. Was mich so schmerzte, war die ungewöhnliche Schärfe Ihrer Kritik, es war ja eine regelrechte Hinrichtung, und das wollte nicht zu dem Bilde passen, das ich mir von Ihrer Objektivität gemacht hatte. Daher auch der Brief, den ich Ihnen daraufhin geschrieben und in dem ich Sie nicht geschont habe.«

»Ich habe keinen Brief von Ihnen erhalten, lieber Müller-Graf«, rief der Kritiker verwundert aus.

»Ich habe ihn nicht abgeschickt«, gab der Schauspieler lächelnd zu.

»Das hätten Sie aber tun sollen, es wäre Ihr Recht gewesen, auf meinen Verriss zu reagieren, schließlich stellt er nicht mehr als eine persönliche Meinung dar...«

»Die aber in Ihrem Blatt den Charakter einer Verurteilung ex cathedra annimmt.«

»Da überschätzen Sie vielleicht mein Blatt und meinen Einfluss. Ich wollte aber sagen: Wenn Sie Ihren Brief abgeschickt hätten, wäre es wahrscheinlich früher zu dieser Unterredung gekommen. Nicht, dass ich mir einbilde, ich hätte Ihre unglückselige Tat vielleicht vermeiden können, aber ich glaube, ich hätte Ihnen einige Dinge über das Problem der Eifersucht im ›Othello‹ sagen können, die Ihre Meinung darüber möglicherweise geändert und aus Ihnen einen besseren Othello auf der Bühne und einen schlechteren im Leben gemacht hätten.«

»Damit treffen Sie mich nicht, lieber Herr Berenson, ich gehöre durchaus zu denen, die sich sogar noch vor der Premiere ein Gespräch mit den Kritikern wünschen und vorstellen könnten. Mich hat es immer geärgert, dass auf der einen Seite der Regisseur, die Schauspieler, zuweilen der Autor und all die anderen an einer Theaterinszenierung Beteiligten monatelang mit großem Einsatz auf eine Aufführung hinarbeiten, die der Kritiker dann in einigen Stunden oder, bitte, in einer Nacht verreißt, meistens jedenfalls, und damit die Anstrengung vieler, doch wohl auch nicht ganz ahnungsloser Menschen zunichte macht. Eine intime Kenntnis des Probenprozesses würde manchem Kritiker die Augen öffnen und ihm vielleicht etwas mehr Respekt für die geleistete Arbeit abfordern.«

»Dies würde allerdings den Kritiker überflüssig machen, denn wie sollte er das kritisieren können, was er vorher mit dem Regisseur oder den Schauspielern erlebt und schon erörtert hat? Nein, nein, lieber Müller-Graf, das ist Unsinn. Dafür gibt es einen Dramaturgen, einen Regisseur und lange Probenzeiten. Den Kritiker hat nur das fertige Resultat zu interessieren und nicht, wie schwierig es war, zu diesem Resultat zu gelangen. Nur das Ergebnis ist wichtig!«

Müller-Graf schwieg überrumpelt, und so sprach Berenson weiter:

»Kommen wir auf Ihre Rolle zurück. Sie haben den Othello gegen Ihren Typus als den vor Eifersucht rasenden Primitivling gespielt, während ich ihn als sehr viel komplexeren Helden sehe.«

Berenson fischte einen altmodischen Zwicker aus seiner Ziertuchtasche, klemmte ihn auf die Nasenspitze, griff in seine Jackentasche und zog ein beigefarbenes, zerlesenes Reclamheft hervor, in dem er suchend blätterte, während er weitersprach:

»Sie haben auf der Bühne wie auch in Ihrem Privatleben im Affekt gehandelt. Othello aber hat durchaus nicht im Affekt getötet. Er betritt ruhig, mit einem Leuchter in der Hand, das Schlafzimmer, und seine Worte sind genauso ruhig.« Berenson hatte die gesuchte Stelle gefunden, räusperte sich und begann mit etwas schnarrender Stimme zu lesen:

›Die Sache will's, die Sache will's, mein Herz!
Laßt sie mich euch nicht nennen, keusche Sterne! –
Die Sache will's! – Doch nicht ihr Blut vergieß' ich;
Noch ritz' ich diese Haut, so weiß wie Schnee
Und sanft wie eines Denkmals Alabaster.
Tu aus das Licht und dann, tu aus das Licht!
Ja, lösch' ich dich, du flammenheller Diener,
Kann ich dein vorig Licht dir wiedergeben,
Sollt' ich's bereu'n. – Doch dein Licht ausgetan,
Du reizend Muster herrlichster Natur,
Nie find' ich den Prometheusfunken wieder,
Dein Licht zu zünden. Pflückt' ich deine Rose,
Nie kann ich ihr den Lebenswuchs erneun,
Sie muß, muß welken;‹

Klingt das nach eifersüchtiger Raserei? Was würden Sie sagen, wenn ich sogar behauptete, dass Eifersucht gar nicht das eigentliche Tatmotiv Othellos war?«

Müller-Graf zog eine Braue hoch und lächelte zweifelnd. »Damit würden Sie gegen eine jahrhundertealte Auffassung anrennen, nach der Shakespeares Othello das klassische Eifersuchtsdrama schlechthin, ja, dass der Name Othello das Symbol für Eifersucht ist. Ich bin neugierig, wie Sie Ihre Behauptung begründen wollen.«

Berenson trank den Rest seines Kaffees aus, stellte die Tasse vorsichtig auf die Untertasse zurück, ließ sich nachschenken und sprach dozierend, wie jemand, der sich auf sicherem Terrain weiß:

»Wir müssen uns darüber klar werden, was für ein Mann Othello war. Er war kein junger Mann, dem die sexuelle Leidenschaft, sagen wir, unter dem Wams brannte. Was waren seine Erfahrungen mit Frauen? Er war ein Soldat, und zwar von Kindesbeinen an.

›*Seit siebenjähr'ge Kraft mein Arm gewann,*
Bis vor neun Monden etwa, übt' er stets
Nur Kriegestat, im Felde wie im Lager;
Und wenig lernt' ich von dem Lauf der Welt,
Als was zum Streit gehört und Werk der Schlacht ...‹

Ich glaube, man darf annehmen, dass seine Erfahrungen mit dem weiblichen Geschlecht sich auf den sexuellen Vollzug mit Frauen beschränkten, die man ihm als Kriegsbeute nach der Schlacht in seinem Zelt zuführte, oder mit leichten Mädchen, die sich dem Sieger in die Arme warfen.

Als er nun, General des venezianischen Heeres geworden, zum ersten Mal eine kurze Friedenszeit in Venedig, der prächtigen Hauptstadt eines mächtigen Handelsreichs, genießen kann, wird er, der Neger – denn er war kein Maure, wie gerne behauptet wird, sondern ein Neger, wenn auch aus ›königlichem Stamm‹ –, wird der schwarze Othello also wie eine schöne, exotische Bestie in die elegante, raffinierte Gesellschaft Venedigs eingeführt, eingeladen von Brabantio, Desdemonas Vater, einem Senator, der, anders als meistens dargestellt, kein zeternder Tattergreis, sondern ein Altersgenosse Othellos ist. Von diesem lässt sich der verweichlichte Städter Kriegsgeschichten erzählen und denkt sich nichts dabei, wenn seine Tochter, die junge Desdemona, ab und zu, wenn ›*nicht ein Hausgeschäft*‹ sie abhält, dabeisitzt und zuhört. Aber sie verliebt sich nicht in Othello, wie andere junge Mädchen sich in Männer verlieben.

Sie hat die gleichaltrigen Jünglinge der venezianischen Jeunesse dorée allesamt, Cassio inbegriffen, abblitzen lassen. Sie bewundert Othello, wünscht sich, ›*der Himmel habe sie als solchen Mann geschaffen*‹. Sie ist fasziniert von dem Erzähler Othello. Als sie, vor Mitleid und Rührung Tränen vergießend, die Lebens- und Leidensgeschichte des Soldaten gehört hat, dankt sie ihm und bittet ihn, so erklärt es Othello vor dem Senat, dort von Brabantio des widernatürlichen Zaubers angeklagt:

›*Wenn je ein Freund von mir sie lieben sollte,*
Ich mög' ihn <u>die</u> Geschicht' erzählen lehren,
Das würde sie gewinnen.‹

Und auch aus dem reifen Othello selbst spricht weniger leidenschaftliche Liebesglut als besonnene, klare Einschätzung ihrer beider Beziehung zueinander, wenn er abschließend erklärt:

›*Sie liebte mich, weil ich Gefahr bestand,*
Ich liebte sie um ihres Mitleids willen.
Das ist der ganze Zauber, den ich brauchte.‹

Der Beginn dieser Beziehung klingt jedenfalls nicht gerade nach einem ›Coup de foudre‹, nicht wahr?« Müller-Graf nickte abwartend, und Berenson fuhr fort, während er die Figur der weißen Dame vom Schachbrett nahm und hochhielt:

»Desdemona ist eine moderne, starke junge Frau, die es riskiert, gegen den Willen, ja, ohne Wissen des Vaters den Neger Othello zu heiraten. Und es hat den Anschein, dass die Initiative dazu sogar von ihr ausgeht, während Othello sich in Venedig kaum besonders wohl gefühlt haben dürfte, denn immer wieder stößt er auf rassische Vorurteile. Er wird als Feldherr zwar gebraucht, von der Gesellschaft jedoch verachtet. Er wird unmittelbar nach der heimlichen Eheschließung in den Krieg geschickt, und er folgt diesem Befehl ohne Murren, ja, fast erleichtert und mit wiedergewonnener soldatischer Verve. Dem frisch vermählten Paar bleibt eine Stunde zum Packen und für den liebevollen Abschied. Ich frage Sie: Wird der besonnene Othello in dieser verbleibenden, sagen wir, halben Stunde, ein edles, unschuldiges Mädchen im ›Schützen‹, einer venezianischen Kneipe mit Zimmern, entjungfern, oder wird er nicht lieber, nachdem Desdemona, die nicht als ›*Friedensmotte*‹ in Venedig bleiben will und vom Senat Erlaubnis erbittet, Othello nach Zypern zu folgen, die Hochzeit dort, als siegreicher General in der Festung, seiner Residenz, vollziehen? Ich glaube fest, das Letztere wird er wählen. Bis zu ihrer Ankunft in Zypern ist Desdemona also wohl noch Jungfrau.«

»Wie kommen Sie denn darauf?« warf Müller-Graf etwas gröber als gewollt ein. »Othello hat Desdemona entführt, sie in einem Hotel untergebracht. Es kann dort durchaus zu einer Liebesnacht gekommen sein, wenn auch Jagos Behauptung, dass sie dort dabei sind, ›das Tier mit zwei Rücken‹ zu machen, bösartig falsch sein kann und daher kein Beweis sein muss.«

»Lieber Müller-Graf, hätte in Venedig eine Liebesbeziehung zwischen Desdemona und Cassio bestanden, wie Jago später Othello glauben macht, und hätte Othello dort schon mit Desdemona geschlafen, wäre sie für ihn erkennbar, und das ist eine ganz unmögliche Vorstellung, keine Jungfrau mehr gewesen.«

»Also gut, nehmen wir an, dass es vor der eiligen Abreise zu keinem Liebesvollzug kam, aber entschuldigen Sie, lieber Herr Berenson, wo ist letzten Endes der Unterschied, ob Othello sie in Venedig oder auf Zypern entjung ...?«

»Der liegt doch auf der Hand!« fiel Berenson dem Schauspieler überraschend temperamentvoll ins Wort, »wenn Othello in Zypern erstmalig mit Desdemona schläft, kann er sicher sein, dass sie, die er zur Reise nach Zypern seinem Fähnrich Jago anvertraut hat, ihm dort als Jungfrau entgegentritt. Warum sollte er dann auf den jungen, schönen Cassio, der ihm vorher in Venedig als

Go-between, als Liebesbote, gedient hatte, eifersüchtig sein?

Aber merkwürdigerweise zeigt Othello sich eifersüchtig, als Jago am nächsten Tag eine vorangegangene Liebesbeziehung Cassios mit Desdemona andeutet. Hätte er sie hingegen in der ersten Nacht auf Zypern und nicht schon in Venedig entjungfert, würde er Jago als Verleumder entlarven können. Die Lösung kann also nur sein: Auch in dieser Nacht, während der er durch den von Jago angezettelten Aufruhr gestört wurde, kann es nicht zu der erlösenden Vereinigung gekommen sein.«

Berenson genoss die Verblüffung des Schauspielers, stellte die weiße Dame wieder neben den schwarzen König und lehnte sich, wie nach einem guten Schachzug, in seinem Stuhl zurück.

»Wollen Sie mir etwa den schwarzen Kraftprotz Othello als impotent verkaufen?« lachte Müller-Graf ungläubig und gekünstelt laut.

»Durchaus nicht! Warten Sie ab«, beschwichtigte der Kritiker den Schauspieler.

»Wir müssen uns fragen: Was ist Desdemona für Othello? Sie ist für ihn mehr als eine Frau, sie ist für ihn das Höchste, das er sich wünschen konnte. Sie ist ihm sogar mehr als sein Erfolg als Heerführer. Zum ersten Mal baut er sich ein privates Glück auf, und wie als General seine Siege, seine Medaillen seinen militärischen Erfolg krönen, so krönt die Eroberung Desdemonas sein privates Glück. Er stellt Desdemona auf ein Piedestal, er betet sie an, er erhebt sie zu seinem Idol, für das er alles, Leben, Ehre, Erfolg in die Schanze zu schlagen bereit ist.

Doch wenn sie, seine Göttin, sich als falsch erweisen sollte, dann löscht er mit einem Streich alles aus: Desdemonas Leben und seines, Ehre, Liebe, Eifersucht, alles –«

»Das klingt ja sehr logisch, was Sie da entwickeln, lieber Herr Berenson«, sagte Müller-Graf kopfschüttelnd, »aber es ist doch bestenfalls nur eine interessante Lesart. Wo steht das bei Shakespeare, warum soll Othello, zwar in der Nacht gestört, um Himmels willen nicht mit Desdemona geschlafen haben?«

Als habe er genau diese Frage provozieren wollen, hakte Berenson ein: »Weil eben dieser unergründliche Shakespeare hier einen gar nicht besonders subtilen, eher deftigen Hinweis eingebaut hat, der selbst von denen, die Shakespeare kennen, die ihn spielen, inszenieren und, bitte sehr, kritisieren, nicht beachtet wird.«

»Jetzt machen Sie mich aber neugierig, verehrter Herr Berenson.« Der fragte sehr ruhig: »Haben Sie womöglich den englischen Othello-Text zur Hand?« Müller-Graf sprang auf, ging rasch zu der Bücherwand, zog, fast ohne zu suchen, einen Band aus dem Regal und reichte ihn dem Kritiker.

»Bei Shakespeare stehen nämlich einige Zeilen, die schon von Baudissin, aus Scham oder Unverständnis, nicht übersetzt wurden und die, wenn überhaupt entdeckt, immer gestrichen werden, übrigens auch im puritanischen England.« Während er in der deutschen Ausgabe blätterte und die gesuchte Seite fand, sagte er: »Hier, es ist die Szene am Morgen nach der besagten ersten Nacht, als Cassio mit Musikanten auftaucht, um dem General ein Morgenständchen zu bringen und ihn wegen der Vorfälle während der Unglücksnacht zu besänftigen. Ihnen tritt ein Diener Othellos, der Clown, entgegen – Clowns nennt Shakespeare seine Spaßmacher, wie die Totengräber im Hamlet etwa, hier fälschlich mit Narr übersetzt, mit dem eher der tiefsinnige Hofnarr gemeint ist, wie zum Beispiel der Fool, der Narr im ›Lear‹. Dieser Clown also unterbricht das Konzert mit der Begründung, dass sein Herr nicht gestört werden dürfe. Ich frage Sie: Warum wacht Othello nach der Hochzeitsnacht auf eine Weise auf, dass ihn Musik stören statt ergötzen könnte, wieso kann ihm die Nacht mit Desdemona Kopfschmerzen bereitet haben? Das wäre doch nach einer befriedigenden ersten Liebesnacht völlig unsinnig.«

»Halt, halt, halt, lieber Berenson! Hier schießen sie übers Ziel hinaus. In dieser Szene ist von Kopfschmerzen nicht die Rede, und die Kopfschmerzen, die in der späteren Taschentuchszene vorkommen, sind von Othello vorgetäuscht.«

»Ich war noch nicht ganz fertig, lieber Müller-Graf, hier geht die Szene nämlich mit jenen Zeilen zwischen dem Clown und den Musikanten weiter, vor denen Baudissin wohl kapitulierte, und die daher hier fehlen, sehen Sie.«

Er legte den deutschen Text beiseite, nahm das Original zur Hand und schlug dort die Stelle auf: »Hier aber geht es weiter, hören Sie. Ich kann nur unvollkommen und wörtlich übersetzen:

CLOWN:
Sind dies, ich bitt' euch, Blasinstrumente?
ERSTER MUSIKER:
In der Tat, das sind sie, Herr.
CLOWN:

Oh, da hängt ja ein Schwanz (tail). (wobei er offensichtlich von der herabhängenden Flöte eines Dudelsacks spricht)

ERSTER MUSIKER:

Wo hängt da eine Geschichte (tale), *Herr?*

CLOWN:

Nun, Herr, an vielen Blasinstrumenten, die ich kenne.

Berenson klappte das Buch zu und schaute den Schauspieler an. Der lächelte säuerlich amüsiert und sagte: »Ich fürchte, Sie entwickeln hier eine schmutzige Phantasie. Das hätte ich Ihnen nicht zugetraut.«

»Ich glaube«, entgegnete Berenson unbeirrt, »Shakespeare hat hier eine schmutzige Phantasie, die aber, wie wir wissen, bei ihm nie absichtslos ist. Er war als Elisabethaner eben viel handfester als unsere Shakespeare-Übersetzer, die Romantiker. Was konnte der Clown gesehen haben, um so einen Satz zu sagen, dass er schon von vielen Instrumenten Schwänze hat hängen sehen? Hatte er vielleicht während der Hochzeitsnacht in der Erwartung durchs Schlüsselloch geschaut, der Mohr werde seine Schuldigkeit tun, besser als ein Weißer? Der Clown hätte dann vielleicht gesehen, dass Othello Desdemona nicht vollzugsbereit aufs Lager warf, sondern sie wie eine Göttin, auf eine rituelle Weise quasi, anbetete, den sexuellen Vollzug hinauszögerte oder gar überhaupt nicht vornahm, zumindest nicht in jener ersten Nacht auf Zypern.«

Müller-Graf seufzte und sagte, ungläubig den Kopf schüttelnd: »Das alles könnte Shakespeare gemeint haben, eindeutig geschrieben hat er es nicht. Aber wenn es tatsächlich so wäre, wenn Othello seine Desdemona so hoch ansiedelt, sie wie eine Göttin liebt, und nicht wie eine Frau, wie vollziehen Sie denn den Abstieg von dem Sockel, auf den er sie gestellt hat, zu der sehr unheiligen Tat, dass er sie nämlich ein paar Tage später umbringt?«

»Eben weil es weniger Eifersucht als Enttäuschung darüber war, dass er sie nicht mehr als seine Göttin sehen konnte, auf die er sein Leben verpfändet hatte, nachdem Jago ihn mit seinen gemeinen Bildern und seinen falschen Beweisen der Untreue in die Niederungen der Eifersucht heruntergezogen hat.«

»Also doch Eifersucht«, warf Müller-Graf ein, »es ist ja auch oft und mit Recht gefragt worden, wieso Othello sich ungleich gläubiger auf Jagos lügenhafte ›Beweise‹ verlässt als auf Desdemonas rührende Beteuerungen. Aber Eifersucht ist nun einmal irrational, sie braucht keine beweisbaren Gründe, sie nährt sich von den Bildern der Phantasie.«

»Das ist richtig, und Sie haben sicher Recht, wenn Sie sich mit Händen und Füßen an die Eifersucht, das ›*grünäugige Monster*‹, klammern. Sie sind diesem Motiv auf Gedeih und Verderb ausgeliefert, denn es wird Ihnen mit großer Wahrscheinlichkeit eine minimale Strafe oder gar einen Freispruch im Prozess einbringen.

Dennoch würde es mir gefallen, wenn Sie meinem Argument wider die Eifersucht noch einen Schritt weiter folgen würden. Ich glaube, dass die Tragik Othellos in seiner eigenen Unsicherheit liegt, die ihn Desdemona gegenüber nie verlässt. Das hat mit dem Bewusstein der rassischen und gesellschaftlichen Verschiedenheit zu tun, und daher erklärt sich auch das Vertrauen Othellos in den Soldaten Jago. Othellos Vertrauen in Desdemona ist kein zwischen Liebenden gewachsenes Gefühl, sondern der riskante soldatische Entschluss, auf die kurze Liebe seine gesamte Existenz aufzubauen, und daher muss dieser Verlust weniger durch die Enttäuschung, die ihm Desdemona bereitet, als durch den eigenen Irrtum sein Bild von der Welt zusammenstürzen lassen.«

Berenson nahm den Reclam-Band wieder auf, blätterte darin, fand die gesuchte Stelle und las:

»›Gefiel' es Gott,
Durch Trübsal mich zu prüfen, göss' er Schmach
Und jede Kränkung auf mein nacktes Haupt,
Versenkt' in Armut mich bis an die Lippen.
Schlüg' samt der letzten Hoffnung mich in Fesseln,
Doch fänd' ich wohl in einem Herzenswinkel
Ein Tröpfchen von Geduld; selbst mich zu machen
Zum festen Bilde für die Zeit des Hohns,
Mit langsam drehndem Finger drauf zu weisen;
Auch dies noch könnt' ich tragen, sehr, sehr wohl ...‹

Sie sehen, Othello ist nicht der von Eifersucht geplagte Liebende, sondern der sich um seine gesamte Existenz betrogen Glaubende. Dies macht ihn groß, macht ihn zum tragischen Helden. Mit der Schande des betrogenen Ehemanns, auf den man mit dem Finger weist, könnte er weiterleben, selbst mit dem Verlust der Ehre, die ihm als Soldat wichtig sein muss, aber mit der Enttäuschung, die er durch Desdemonas vermeintlichen Verrat erleidet, kann er nicht weiterleben. Das hat also viel weniger mit Eifersucht zu tun als mit unendlicher Verzweiflung über den totalen Verlust aller Werte.«

»Sie haben ja schon überdeutlich gesagt, worauf Sie hinauswollen, Herr Berenson, Sie glauben das Tatmotiv der Eifersucht weder Shakespeares Othello noch mir selbst?«

»Das haben *Sie* jetzt gesagt, aber ich gebe es zu: Ich glaube, dass sich die Eifersucht gewöhnlich erst einmal gegen den Liebhaber wendet und dann erst gegen die untreue Partnerin. Aber Sie haben ja Ihren flüchtigen Rivalen nicht identifizieren oder gar dingfest machen können. Wie ärgerlich!

Und dann: Othello kannte Desdemona, die gerade Sechzehn- oder Achtzehnjährige, nur einige wenige Wochen. Erklären Sie mir bitte, wie wahrscheinlich ist Eifersucht als Tatmotiv für einen Ehemann, der seit zwanzig Jahren verheiratet ist und der, wie man weiß, eine nicht gerade als glücklich zu bezeichnende Ehe führt?«

Müller-Graf biss sich auf die Lippen. Er verfluchte seine Unüberlegtheit, sich mit einem alten Fuchs wie Berenson auf solch eine Schachpartie eingelassen zu haben. Er spürte die Überlegenheit Berensons, er hätte gerne diese Unterhaltung abgebrochen, aber er scheute auch die Niederlage und versuchte sich zu wehren:

»Woher nehmen Sie die Gewissheit, dass Eifersucht in einer jahrelangen Ehe nicht zu einem gewaltsamen Ausbruch führen kann?«

»Aber doch kaum von solcher Heftigkeit, dass er mit Mord und Totschlag endet!« sagte Berenson. Er nahm den schwarzen König vom Schachbrett und schaute die Figur aufmerksam von allen Seiten an, als könne sie ihm etwas verraten, und fuhr fort:

»Vielleicht glauben Sie mir nicht, aber ich bin durchaus nicht als Ihr Richter zu Ihnen gekommen. Was immer uns trennen mag, ich halte Sie für einen ernsthaften Künstler, der sich in privates Unglück verstrickt hat, und daher wollte ich Ihnen helfen. Nehmen wir doch einmal an, Staatsanwalt und Richter glauben Ihnen Ihr Eifersuchtsmotiv so wenig, wie ich es Ihnen glaube, was macht Ihr Verteidiger dann?«

»Sehr verehrter Herr Berenson«, sagte Müller-Graf verbissen, »im Gegensatz zu Ihnen glaubt mir mein Verteidiger, und auch ich habe vollstes Vertrauen zu ihm. Aber bitte: Sie bezweifeln, dass meine Tat aus Eifersucht geschah. Was könnte denn Ihrer Meinung nach das Tatmotiv sein?«

»Ich kann mir durchaus mehrere Motive vorstellen«, sagte Berenson, »gehen wir von der banalsten Möglichkeit aus, das wäre doch die klassische Situation: Verheirateter Mann mittleren Alters hat junge Geliebte, Frau will keine Scheidung, Geliebte setzt Ehemann unter Druck, Ehemann plant allein oder mit Geliebter als Komplizin die Beseitigung der Ehefrau usw. usw. Aber das würde nicht zu Ihnen passen. Das würde Ihre Intelligenz beleidigen. Dann wäre das Eifersuchtsmotiv ja schon einleuchtender. Ich glaube eben weniger an die Eifersucht des Othello als an die Fantasie des Schauspielers!«

Müller-Graf war blass geworden und atmete schwer. »Hören Sie auf, Berenson, wir spielen nicht weiter, es genügt!«

»Entschuldigen Sie, Müller-Graf«, der Kritiker klang auf einmal sehr mild, »ich erwartete von Ihnen kein Geständnis, wie gesagt, ich bin nicht Ihr Richter.«

Es entstand eine endlose Pause. Es war dämmrig geworden in dem großen Raum.

Berenson sagte: »Sie wissen besser als ich, wie der Monolog Othellos weitergeht, den ich Ihnen eben vorgelesen habe. Nach:

›*Auch dies noch könnt ich tragen, sehr, sehr wohl ...*‹

heißt es:

›*Doch da, wo ich mein Herz als Schatz verwahrt,*
Wo ich muß leben oder gar nicht leben;
Der Quell, aus dem mein Leben strömen muß,
Sonst ganz versiegen – da vertrieben sein ...‹«

Müller-Graf hatte die letzten Worte leise mitgesprochen. »*Wo ich leben muß oder gar nicht leben ...*«, murmelte er nachdenklich.

»Jene letzten Shakespeare-Zeilen berühren mich tief«, sagte Berenson, »aber aus einem ganz anderen Grunde, als Sie wissen können. Ich werde Deutschland verlassen, das Land, das ich liebe, wo ich, wie ich glaubte, ›*leben muß oder gar nicht leben ... da vertrieben sein ...*‹«

»Da sehen Sie«, sagte Müller-Graf bitter lächelnd, »was man in Shakespeare alles hinein- und was man aus ihm herauslesen kann.«

Doch Berenson ging nicht mehr auf ihn ein: »Ich werde über Sie, Ihren Prozess und Ihre Karriere nicht mehr schreiben können. Die Zeitschrift, für die ich arbeite, wird ab der nächsten Woche nicht mehr erscheinen. Daher können Sie unbesorgt sein, von mir droht Ihnen kein Unheil mehr, was immer Sie mir auch anvertrauen mögen.«

Müller-Graf hatte aufgeblickt, und Berenson sah ihm seinerseits fest in die Augen. Schließlich senkte der Schauspieler den Blick, und Berenson konnte nicht vermeiden, dass seine Worte verächtlich klangen:

»Ich nehme an, Sie werden sich mit den neuen Machthabern arrangieren, Sie sind Arier, ein Deutscher, wie er sein soll. Ich durfte im Krieg zwar die Knochen für dieses schöne Land hinhalten, aber jetzt ist unsereiner nicht mehr erwünscht.«

Müller-Graf schaute betroffen drein, während Berenson weitersprach:

»Ich glaube, Sie haben inzwischen verstanden, weshalb ich wirklich hier bin. Was ich von Ihnen erwartete, war letzten Endes nur das eine: Ich wollte, dass Sie das Theater nicht benützen, um eine billige Kriminalgeschichte daraus zu machen. Dass Sie die Ehre des Theaters retten und – Ihre eigene!«

Berenson erhob sich mit etwas Mühe, weil sich vom langen Sitzen sein Knie nicht so schnell strecken ließ. Doch nun stand er hoch aufgerichtet da, schaute auf Müller-Graf hinab, der zusammengesunken in seinem Sessel saß und mit leerem Blick auf das Schachspiel starrte. Er hob unendlich langsam die Hand, sie bewegte sich wie an einer Marionettenschnur zu der Figur des schwarzen Königs, tippte sie mit dem Zeigefinger an, so dass sie langsam umfiel, ein kleines Stück weiterrollte und, noch einige Sekunden lang schaukelnd, liegen blieb.

Berenson nickte ein paar Mal und zog den Kneifer von der Nase. Dann drehte er sich grußlos um und ging, leicht hinkend, hinaus.

Eine Woche später begann der Prozess. Er erregte weniger Aufsehen, als man hätte erwarten können, aber die Geschichte war von der Presse immer und immer wieder durch die Schlagzeilen gepeitscht worden, so dass die öffentliche Meinung längst feststand: Müller-Graf würde freigesprochen werden, da gab es keinen Zweifel.

Dennoch war der Saal vom ersten Tag an überfüllt, auch vor dem Gerichtsgebäude drängten sich Neugierige; Reporter und Fotografen stürzten sich auf die als Zeugen geladenen prominenten Kollegen Müller-Grafs. Die Verhandlung schleppte sich über eine Woche lang hin mit den Zeugenaussagen, dem Kreuzverhör des Staatsanwalts, dem der Angeklagte sich stellte. Müller-Graf verteidigte sich mit Geschick, er überzeugte durchaus als der zerknirscht Reuige, doch der genaue Beobachter konnte sich nicht ganz des Eindrucks erwehren, dass der Schauspieler eine gut einstudierte Rolle spielte.

Der Erste der beiden vom Gericht bestellten Sachverständigen erhob leise Zweifel an der von der Verteidigung vertretenen Unzurechnungsfähigkeit des Angeklagten. Schauspieler seien schließlich intelligente Menschen, die durchaus die Grenzen der Identifikation mit der Rolle kennen und respektieren, sonst wären sie ja samt und sonders potentielle Verbrecher.

Der zweite Sachverständige hingegen, Professor Schulz, ein Psychiater, der während des Haarmann-Prozesses Berühmtheit erlangt hatte, vertrat die These, die Identifizierung des Darstellers mit seiner Rolle sei durch den gleichzeitigen privaten Untreueverdacht gegenüber der Ehefrau so total geworden, dass nach der Mordtat auf der Bühne die Tötungshemmung des Schauspielers für eine gewisse Zeit nach der Aufführung außer Kraft gesetzt war, so dass der Zustand der Unzurechnungsfähigkeit hier sogar in besonderem Maße gegeben sei. Eine Interpretation, der das Publikum und das Gericht zu folgen schienen.

Am entscheidenden Prozesstag würdigte selbst der Staatsanwalt den Angeklagten als charakterlich unbescholtenen Künstler und empfahl mit großer Milde eine Mindeststrafe für die offensichtlich im Affekt begangene Tat. Der Verteidiger, Dietmar von Meyrink, hielt das erwartete Plädoyer und forderte Freispruch wegen erwiesener Unzurechnungsfähigkeit zum Zeitpunkt der Tat. Das Erwachen aus dem Zustand dieser geistigen Verwirrung sei gewiss grausam gewesen und doch wohl Strafe genug. Müller-Graf habe bei der Wiederkehr seiner geistigen Klarheit in seiner Verzweiflung versucht, sich das Leben zu nehmen, und man wisse nicht, ob man ihn darob beneiden könne, dass dieser Versuch missglückt sei.

Der Vorsitzende Richter schloss die Plädoyers mit verständnisvollen, menschlichen Worten ab und überließ dem Angeklagten das ihm gebührende letzte Wort.

Als Müller-Graf sich langsam erhob, wurde es still im Gerichtssaal, und er begann kaum hörbar zu sprechen:

»Hohes Gericht, ich danke für die Milde, die mir widerfahren soll, aber ich habe mich entschlossen, ein Geständnis abzulegen. Ich bekenne mich des Mordes an meiner Frau schuldig. Ich bitte alle um Entschuldigung, die ich durch die falsche Darstellung meiner Tat getäuscht habe. Vor allem meinen Anwalt, den ich über das wahre Motiv im Unklaren gelassen habe.«

Bei den letzten Worten Müller-Grafs war ein Raunen durch den Saal gegangen, das nun anschwoll und von der Glocke des Vorsitzenden zum Verstummen gebracht werden musste.

Müller-Graf fuhr fort: »Ich gestehe, dass ich zum Zeitpunkt der Tat im Vollbesitz meiner geistigen Kräfte war. Mir war bekannt, dass eine Eifersuchtstat nach der unmittelbar vorher gespielten Rolle des Othello ein strafmildernder Umstand mit der fast sicheren Aussicht auf Freispruch war. Ich habe dieses Wissen ausgenutzt. Meine Tat war eine vorsätzliche Tat. Ich habe die Rolle des Othello nur gespielt, um diese Situation der Eifersuchtstat durch einen unzurechnungsfähigen Täter herzustellen und meine Frau ohne Risiko für mein eigenes Leben umzubringen. Dieses von langer Hand vorbereitete Verbrechen erfüllt den Tatbestand des vorsätzlichen Mordes.

Ich hatte meiner Frau verschwiegen, dass am 6. Dezember des vorigen Jahres, am Sankt-Nikolaustag, die Othello-Vorstellung eine Stunde früher begann, um daraus die Situation zu konstruieren, diese eine Stunde früher nach Hause zu kommen und meine Frau in flagranti beim Ehebruch zu überraschen. Den Liebhaber, den ich bei ihr fand und der sich unerkannt davonmachen konnte, hat es nicht gegeben.

Auch mein Verhalten nach der Tat war sehr gut überlegt: das Herumirren in der Nacht, der Selbstmordversuch am Hundekehlsee. Ich habe dort zwar eine Lungenentzündung riskiert, aber nicht so viel, dass man mich nicht rechtzeitig bemerkt und gerettet hätte.

Ich habe geglaubt, dass ich das Gericht täuschen könnte, aber ich habe *einen* Menschen nicht täuschen können, der abwesend ist und dem ich den Mut zu diesem Geständnis verdanke.

Aber mein Motiv war nicht niedrig. Es war kein heimtückischer Mord. Ich liebte meine Frau. Aber wir führten seit zehn Jahren eine höchst unglückliche Ehe. Sie machte mir allmählich das Leben zur Hölle. Immer wieder warf sie mir vor, ich hätte ihr Leben zerstört, weil ich sie zur Aufgabe ihres Berufs als Schauspielerin gezwungen hätte, was nicht stimmte.

Nicht ich war der eifersüchtige Othello, als der ich sie mehr oder weniger ungestraft hätte töten können. Sie war krankhaft eifersüchtig. Eifersüchtig auf meine Erfolge, jede Partnerin, die ich zwangsläufig im Theater hatte, auf jede Mitarbeiterin, jede Sekretärin und jedes weibliche Wesen in meiner Nähe, ja, selbst auf meine Freunde. Sie kontrollierte mich, ließ mir nachspionieren, sie quälte mich auf jede nur erdenkliche Weise. Als ich ihr die Scheidung vorschlug, unternahm sie einen Selbstmordversuch. Sie begann zu trinken, wurde Alkoholikerin, sie stellte mich als Versager und ›Schlappschwanz‹ hin, sie erniedrigte mich gegenüber allen Kollegen und drohte mir, mich in aller Öffentlichkeit bloßzustellen.

So kam mir eines Nachts nach einem furchtbaren Ehestreit, der, nicht zum ersten Male, in Tätlichkeit auszuarten drohte, die Idee, den Othello zu spielen, um mich mehr oder weniger ungestraft von ihr befreien zu können. Das Schlimme war, dass ich sie immer noch auf eine mir unerklärliche Weise liebte. Ja, ich liebte sie. Ich liebte sie, und ich habe sie umgebracht. Ich wünschte mir verzweifelt, sie tot zu sehen, tot, stumm, unfähig, mich mit ihren Blicken zu verfolgen, mich mit ihrem Lachen lächerlich zu machen, mich mit ihren Verdächtigungen zum Wahnsinn und in die Gewalttätigkeit zu treiben, die dann, wenn keine Worte mehr fruchten, der letzte, verzweifelte Ausweg ist.

Und als sie endlich tot vor mir lag, liebte ich sie wieder so wie das junge Mädchen, als das ich sie einst kennen gelernt hatte. Hohes Gericht, ich weiß, mir gebührt die härteste Strafe, die für einen solchen Fall zur Anwendung gebracht werden kann. Der Gesetzgeber hätte dem Affekttäter Schuldminderung oder sogar Schuldunfähigkeit zugestanden, die dem Mörder aus Vorsatz nicht angerechnet werden können. Ich habe in meinem jüngeren Leben maßlose Eifersucht gekannt, aber jene Schmerzen waren harmlose Nadelstiche verglichen mit den Qualen, die ich in den letzten zehn Jahren meiner Ehe erlitten habe. Ich weiß, sie verdienen keine Gnade, aber sie sind ein mildernder Umstand, den zu gewähren ich dieses Gericht nicht bitten werde.«

Alle im Saal hatten den Worten des Angeklagten in atemloser Spannung gelauscht und dachten nun, dass die Selbstanklage zu Ende war, aber Müller-Graf hob die Hand zum Zeichen, dass er noch etwas sagen wollte. Die zuvor zur Schau gestellte Haltung des gebückten Reuigen fiel von ihm ab, er reckte sich auf und wurde wieder der sich seiner Wirkung bewusste Schauspieler, der die Bühne nicht ohne seinen letzten großen Coup de Théâtre verlassen wollte. In das entstehende Schweigen hinein hörte man ihn die Schlussrede Othellos, an deren Ende dieser sich ersticht, mit der tiefen Stimme intonieren, die er sich für die Rolle zurechtgelegt hatte:

»Gemach! – Nur noch zwei Worte, eh' ihr geht.
Wenn ihr von diesem Unheil Kunde gebt,
Sprecht von mir, wie ich bin – verkleinert nichts
Noch setzt in Bosheit zu. Dann müßt ihr melden
Von einem, der nicht klug, doch zu sehr liebte,
Nicht leicht argwöhnte, doch einmal erregt,
Unendlich raste; von einem, dessen Hand,
Dem niedern Inder gleich, die Perle wegwarf,
Mehr wert als all sein Volk;
Und fügt hinzu: dass in Aleppo, wo
Ein gift'ger Türk' in hohem Turban einst
'nen Venezianer schlug und schalt den Staat –
Ich den beschnitt'nen Hund am Hals ergriff
Und traf ihn – so!«

Bei diesen letzten Worten packte er den Schutzmann, der neben ihm stand, mit der Linken um den Hals, der versuchte sich mit beiden Händen aus dem Griff zu lösen, jedoch bevor jemand eingreifen konnte, zog der Schauspieler mit der Rechten die Waffe des Beamten aus dem Pistolenhalfter, setzte sie, den Hahn spannend, an die eigene Schläfe und drückte ab.

Fast genau zur gleichen Zeit spielte die Blaskapelle am Bremerhavener Hafenkai die alte, heiter klingende Weise, die schon so viele Abschiedstränen hat fließen sehen: »Muss i denn, muss i denn zum Stätele hinaus ...«, während Jacob Berenson etwas mühsam die lange, steile, leicht schwankende Gangway des Ozeandampfers hinaufstieg, der ihn in die Emigration führen sollte.

Erst Monate später erfuhr er in Amerika von Müller-Grafs gewaltsamem Ende und entschloß sich, das Gespräch, das er an jenem Sonntagnachmittag in dem Haus im Grunewald mit ihm geführt hatte, aufzuzeichnen. Es wurde erst in den fünfziger Jahren in seinem Nachlass gefunden.

Der Grenzgänger

»... Ich war immer der Meinung, dass die Wiedervereinigung für Deutschland kommen musste, dass sie eine geschichtliche Notwendigkeit war – in den achtziger Jahren hatte ich das Gefühl, nur noch die Dichter können dieses Land zusammenhalten. Deshalb bin ich 1985, immer der Grenze folgend, zu Fuß um Deutschland herumgegangen. Damals hatte Willy Brandt öffentlich gesagt, das Buch der deutschen Geschichte sei geschlossen, und das hat mich zutiefst empört, so dass ich einfach losmarschiert bin ...« Werner Herzog*

Ich hatte Werner Herzog vor Jahren kennen gelernt, als er mich auf der Trabrennbahn München-Daglfing, wo ich für ein Wohltätigkeitsrennen trainierte, ansprach und mich bat, für einen Kurzfilm, den er gerade drehe, einen kleinen Monolog in die Kamera zu sprechen. Geld für eine Gage habe er freilich nicht.

Er gab mir eine Seite Text und sagte, dass ich den doch wohl in etwa zehn Minuten auswendig lernen könnte, in der Zeit baue er die Filmkamera auf. Ich war überrumpelt

* (DER SPIEGEL Heft 21/24.5.99)

und gleichzeitig amüsiert. Ich spielte die kleine Rolle und war darauf gefasst, wie schon öfter, wenn ich einem so genannten Jungfilmer einen kostenlosen Gefallen getan hatte, nie wieder von ihm zu hören. Herzog sollte die rühmliche Ausnahme sein. Doch bis dahin vergingen einige Jahre.

Zwischendurch traf ich ihn auf einem Flug von München nach Berlin. Er erzählte mir begeistert von den Vorbereitungen für seinen Film »Nosferatu«, einem Remake des berühmten Murnau-Stummfilm-Klassikers. Herzog erzählte mir, er sei gerade aus Holland zurückgekommen, wo er den Film mit Klaus Kinski und Isabelle Adjani teilweise drehen wolle und wo er Ratten zu züchten begonnen habe. Ich fragte, ob ich richtig verstanden hätte, die zu einem Vampirfilm passenden Tiere wären doch wohl eher Fledermäuse. Nein, Ratten spielten in seinem Film eine große Rolle. Es gäbe dort nämlich eine Szene in einem Hafen, in der Tausende von Ratten an einem dicken Tau entlang das sinkende Schiff betreten. Nicht verlassen? fragte ich nach. Nein, betreten, das sei ja eben der Dreh. Nun hatte er sich ausgedacht, dass es mühsamer und kostspieliger wäre, die Ratten zusammenzukaufen oder zu fangen, als einfach zwei Rattenpaare zur Vermehrung anzusetzen, die sich bis zum Drehbeginn des Films, so hatte er ausgerechnet, auf etwa 10 000 Ratten vermehrt haben würden. Ich sah den Film »Nosferatu« später in einem Kino in Rom und erinnere mich heute noch an eine Szene, in der Hunderte von Ratten mit Flammenwerfern lebendig verbrannt wurden. Nun sind Ratten gewiss keine unbedingt sympathischen Tiere, Millionen von ihnen sterben jährlich in den pharmazeutischen Versuchslabors, aber für einen Film schien mir das unstatthafte Tierquälerei.

*

Als mir Herzog im Sommer 1980 eine Rolle in seinem Film »Fitzcarraldo« anbot, war ich erst einmal angenehm überrascht. Ich sollte darin einen Schiffskapitän spielen. Der Film erzählt die Geschichte Fitzcarraldos (Fitzcarraldo ist die südamerikanische Verballhornung des schottischen Namens Fitzgerald), eines Kautschukhändlers und opernvernarrten Abenteurers, der während des Kautschukbooms zu Anfang des vergangenen Jahrhunderts in Südamerika ein Vermögen machte und nach dem Besuch des Opernhauses von Manáus, das heute noch mitten im Urwald am Amazonas steht, den verrückten Wunsch hatte, in Iquítos am oberen Amazonas auch eine solche Oper zu bauen.

Die Kautschukladungen mussten durch das Gebiet kriegerischer Indios auf kaum schiffbaren Nebenflüssen des wasserreichsten Flusses der Erde auf Dampfschiffe verfrachtet und flussabwärts transportiert werden. Das Hauptabenteuer des Films bestand darin, dass Fitzcarraldo gezwungen war, sein Schiff von einem Fluss, auf dem es keinen Weg zurück gab, an einer Stelle über einen Berg zu einem zweiten, nur ein paar hundert Meter entfernten, schiffbaren Fluss hinüberzuziehen. Der historische Fitzcarraldo hatte damals sein leichtes Holzschiff in drei Teile zersägt und mit Hilfe der Eingeborenen hinübertragen lassen.

Nach lebensgefährlichen Begegnungen mit wilden Indiostämmen, die er sich durch das Grammophonabspiel einer

Caruso-Arie vom Leibe hält, und waghalsigen Passagen durch Stromschnellen und Pongos (Flussengen mit felsigen Steilufern) gelingt die Fahrt. Fitzcarraldo verkauft seine Ware und sein Schiff. Zum Bau einer Oper reicht es zwar nicht, aber auf unzähligen kleinen Booten bringt er ein komplettes Symphonieorchester flussaufwärts nach Iquítos zum ruinösen, aber triumphalen Finale. Die Besetzung des Fitzcarraldo war natürlich Herzogs erstes und wichtigstes Problem. Für die Hauptrolle, so Herzog zu mir, dränge sich die Darstellung durch einen amerikanischen Schauspieler auf. Er hätte gerne Jack Nicholson gehabt, weil der die Verrücktheit, aber auch den Charme und die Schlitzohrigkeit des Fitzcarraldo sehr gut hätte glaubhaft machen können, aber diese Wunschbesetzung sei an Nicholsons mangelnder Abenteuerlust und an der Gage gescheitert.

Sein augenblicklicher Favorit für die Rolle sei Warren Oates, einer der Lieblingsschauspieler Sam Peckinpahs. Ich hatte mit Warren in »Sierra Charriba« zusammengespielt und ihn als hervorragenden Schauspieler und lustigen, recht trinkfreudigen Kumpel kennen gelernt. Warren hatte zuerst Interesse signalisiert, sagte dann aber die Mitwirkung ab, weil seine Frau ihn aus gesundheitlichen Gründen – er hatte gerade eine Alkohol-Entziehungskur hinter sich – nicht zu einem solch riskanten Abenteuer am Amazonas fortlassen wollte.

Der nächste Name, der auftauchte, war Jason Robards jr.; auch hiergegen konnte man nichts einwenden. Robards ist einer der besten amerikanischen Charakterdarsteller. Er hatte als Theaterstar am Broadway für seine Darstellung in »Tausend Clowns« einen Tony-Award und für Film-Nebenrollen zwei Oscars gewonnen. Mit ihm kam Herzog bald zu einem Vertragsabschluss.

Dann war da noch die sehr interessante Rolle des Wilbur, eines englischen Bühnenschauspielers, der Englands Theater verlassen hat, um sich auf abenteuerliche Reisen zu begeben. Hierfür hatte Herzog nun eine sensationelle Besetzung gefunden: Mick Jagger, den Chef der »Rolling Stones«. Das konnte interessant sein. Die weibliche Hauptrolle war mit Claudia Cardinale besetzt, mit der ich ja schon einige Filme gedreht hatte.

Der Film sollte im peruanischen Iquítos, einer Stadt am oberen Amazonas, begonnen werden, bevor es dann zu dem eigentlichen Drehort im tiefsten Dschungel nördlich von Cuzco weiterging.

Während der Vorbereitungen für den Film in München war ich mit Herzog vertraglich klargekommen, und wir unterhielten uns über meine Rolle des Schiffskapitäns. Herzog stellte sich die Figur als Einbeinigen vor. Dies hätte beim Drehen die unbequeme Prozedur erfordert, den Unterschenkel zum Gesäß hochzubinden, um einen Beinstumpf herzustellen. Es gelang mir, Herzog diese Idee auszureden, da man viel Zeit verliert, wenn das hochgebundene Bein alle halbe Stunde wieder zur Durchblutung losgebunden werden muss. Diese leidvolle Erfahrung hatte ich bei einem Sergio-Corbucci-Western als einarmiger mexikanischer Bandit gemacht.

Nun hatte ich ein paar Jahre vorher in dem Film »Bomber & Paganini« den blinden »Bomber« gespielt und kam auf einen verrückten Gedanken: Wenn der Kapitän schon ein körperliches Gebrechen haben musste, warum sollte er nicht blind sein? Das war zwar nicht leicht glaubhaft zu machen, und zuerst wollte Herzog davon nichts wissen, denn wie sollte denn ein Blinder ein Schiff steuern? Ich versuchte aber Herzog mit einer, wie ich glaube, einleuchtenden Idee umzustimmen. Der erfahrene Kapitän Jaime d'Avila hatte vor Jahren eine Expedition ins unbekannte Amazonasgebiet geführt und war, durch indianisches Pfeilgift erblindet, mit nur vier anderen von neunzig Männern mit dem Leben davongekommen. In der Szene, in der Fitzcarraldo seine Besatzung anheuert und der Kapitän vor ihm steht, bemerkt er, dass dieser blind ist, und fragt ihn, wie er denn glauben könne, für diesen Job geeignet zu sein, und Jaime sagt darauf: »Wenn man im Dschungel die Gefahr *sieht*, ist es zu spät!«

Dieser Einfall überzeugte Herzog, und nachdem er sich »Bomber & Paganini« angesehen hatte, war er davon geradezu begeistert. Er wollte mir nun Haftschalen verpassen, wie sie Kirk Douglas in einem Wikinger-Film getragen hatte. Wir gingen in das große Münchener Optikergeschäft, das schon seinerzeit die Kirk-Douglas-Linsen hergestellt und sogar noch auf Lager hatte, und probierten ein Paar dieser rotweiß gesprenkelten Linsen aus. Sie sahen furchterregend und zudem unglaubwürdig aus. Ich versuchte, Herzog von dieser Haftschalenidee abzubringen, und machte ihn darauf aufmerksam, dass man von diesen damals noch sündhaft teuren Linsen gerade im Urwald, wo man sie bei einem Stolpern über einen Zweig unauffindbar verlieren könnte, doch sicher sechs bis acht Paare haben müsse.

Dieses Argument tat Wirkung, da Herzog ja auch der Produzent des Films war. Doch noch wollte er auf die Linsen nicht verzichten. Er verwies auf eine ganz bestimmte eindrucksvolle Großaufnahme im »Bomber«. »In diesem Close-up«, spielte ich meinen Trumpf aus, »trug ich gar keine Linsen!« Das tat's. Wir verließen den Laden ohne Linsen. Blindsein musste eben darstellerisch gelöst werden.

Bevor ich nun nach Peru aufbrach, nahm ich mir vor, über das vor uns liegende Abenteuer Tagebuch zu führen, aus dem ich im Folgenden in Auszügen zitiere. Der Film sollte am 5. Januar beginnen, und ich flog also am 29. Dezember zuerst nach Miami. Dort hatte ich vor, Neujahr zu verbringen, aber es war lausig kalt. Daher beschloss ich, mich früher als geplant in wärmere Gefilde zu begeben.

*

»Fitzcarraldo – Filmtagebuch«

30.12.80

In Miami mache ich vorsorglich Einkäufe im Army & Navy Surplus Store in der Flagler Street, will mich eindecken für die Zeit im Dschungel. So kaufe ich sogenannte »Vietnam-Stiefel«, Mosquito-Repellents, Army-Unterwäsche und Kofferschlösser (zus. 64 $). Auf dem langen Fußmarsch zurück ins Hotel erstehe ich noch einen Walkman mit Kopfhörer (105 $ + Tax).

Um 17 Uhr bin ich am Flughafen. In der PANAM-VIP-Lounge lerne ich Jason Robards kennen, der verspätet aus New York eingetroffen ist.

Abends 20:15 Abflug in einer alten Boing 707 der Fawcett-Air. Ich setzte mich zu Jason Robards. Ich hatte kürzlich den Peckinpah-Film »Die Ballade von Cable Hogue« gesehen, in dem er die Titelrolle spielt. Ich erzählte ihm über meine Erfahrung mit Sam Peckinpah in »Sierra Charriba«, und wir hatten Gesprächsstoff bis Iquítos. Wir spielten das bekannte und oft geübte Spiel über Kollegen: »Der ja ... der nein!« Charlton Heston: nein, Spencer Tracy: ja, Maximilian Schell: nein, Kirk Douglas: nein, Richard Harris: nein. Ein Scheißspiel, lachen wir. Wo bleiben die Jas? Natürlich ist da Henry Fonda: ja, ja, Max von Sydow: ja!

Iquítos, 31. 12. 80

Zum Mittagessen gehen wir zu Don Giovanni, einem Italiener aus Genua, der seit 32 Jahren hier lebt und mit einer Peruanerin verheiratet ist. Er hat die italienische Küche nicht ganz vergessen, doch lernen wir bei ihm auch neue Dinge kennen. Salada de chonta, das ist nichts anderes als Palmenmark, Palmito, den man auch bei uns kennt, doch wird er nicht in Scheiben geschnitten, sondern längs zu sich einrollenden Streifen geschabt: sehr gut! Und am Ende Pisco sour, was etwa dem kubanischen Mojito entspricht.

Mick Jagger hat einige Flaschen Champagner mitgebracht, die ab 20 Uhr geköpft werden. Mick ist in Begleitung von Jerry Hall. Sie ist sehr schön, sehr kühl, sehr groß (1,76 m). Mick und ich sind die einzigen, die sich »fein« gemacht haben: ich im weißen Seidenanzug mit schwarzer Fliege, Mick in einem engen, dunklen Anzug mit weißem Piquet-Oberhemd und winzig kleinem schwarzen Papillon.

Um 22 Uhr taucht Herzog mit seinem Anhang auf. Abendessen in der Cafeteria – Huhn, von wegen Turkey! –, da Herzog in seinem Haus nicht kochen kann. Wir trinken Micks Champagner und machen Fotos. Herzog posiert stolz in der Mitte zwischen Mick und Jason. Er entblößt die rechte Schulter und zeigt eine große Tätowierung: einen Totenkopf, der mit aufgerissenem Gebiss in das Mikrofon eines bekannten deutschen Fernsehsenders brüllt.

Danach fahren wir in Taxis zu Herzogs Haus, die Taxifahrer halten irgendwann an, weil der Weg dorthin zu schlecht ist. Wir steigen aus und gehen in völliger Dunkelheit die letzten paar hundert Meter zu Fuß.

Herzogs Haus, eigens für ihn gebaut, ist ein Pfahlbau, als Modell für die Häuser entworfen, in denen wir bei den Dreharbeiten im Dschungel wohnen werden. Wir steigen eine Leiter hinauf, Jason mit Mühe, da die Sprossen einen Abstand von gut 60 cm voneinander haben. Oben erscheint uns die Wohnung als sehr bequem, Fußboden und Wände mit der breitgeklopften Rinde einer Bambusart bespannt. Herzog zeigt uns das Büro, mit Telex in einem hinteren Raum. Interessanter Drink: »Siete raices« (Sieben Wurzeln). Sonst Bier und Saft. Die Silvesterlaune hält sich in Grenzen. Anhand meiner Citizen zähle ich die Mitternacht an: 1 Minute, 50 Sekunden, 40, 30, 20, 10, 5, 4, 3, 2, 1: Happy New Year! Feliz Año Nuevo!

Noch vor ein Uhr brechen wir auf, um nach Iquítos zu fahren. Beim Abstieg von der Leiter klettert Herzog als Letzter nicht wie normale Sterbliche hinab, das heißt mit dem Gesicht zur Leiter, sondern er steigt mit dem Rücken zur Leiter hinunter, wie man eine Treppe hinuntergeht.

Eine der obersten Leitersprossen reißt ab, Herzogs Fuß saust auf die nächste Sprosse, auch die splittert ab und so alle anderen: Ratsch-ratsch-ratsch-ratsch bis nach unten. Um nicht zu stürzen, versucht er, die Leiterholme fassend, zu bremsen, und reißt sich die ganzen Unterarme an den nun herausstehenden Nägeln auf. Stolz zeigt er allen seine blutigen Wunden her wie Stigmata.

In Iquítos ist viel Betrieb auf den Straßen, da und dort Tanzschuppen. Die Musik, die herausdröhnt, ist nicht mit brasilianischer, nicht einmal mit mexikanischer zu vergleichen. Wir schauen kurz hinein. Aber es ist die Stunde der Tombolas: Langweilig! Wir fahren zurück ins Holiday Inn, doch da ist es nicht besser. So liege ich um halb drei im Bett. Wahrscheinlich ein Rekord. Prosit Neujahr 1981!

2.1.81

Heute führte uns Herzog nach Belem zu Fitzcarraldos (Film-)Haus. Belem ist der Teil von Iquítos, der am Amazonas liegt, ein Slumgebiet, mit den brasilianischen Favelas zu vergleichen. Die Marktgegend unbeschreiblich schmutzig: Schwarze Schweine und riesige, hässliche Geier mit obszönen Hälsen machen sich auf den hüfthohen Müllbergen mitten auf der Straße ihren Fraß streitig. Aber die Gegend am Fluss, wo wir drehen werden, ist sauber und friedlich. Die Zeit steht still. Die Häuser stehen auf hohen Pfählen, da der Amazonas in der Regenzeit anschwillt und die Ufer überschwemmt.

In dem Haus, das Fitzcarraldos Filmwohnung darstellen wird, wohnt eine Familie mit vielen Kindern. Die größeren passen auf die kleineren auf. Zwei der älteren Jungen liegen ungeheuer faul herum, und man spürt, so werden sie noch in zwanzig Jahren herumliegen.

Die Menschen leiden jedoch keinen Hunger. Mit einer Schnur und einem Haken fängt man genügend Fische, und Bananenstauden und Kokospalmen gibt es in Hülle und Fülle.

Nachher sitzen Mick und Jerry, Jason und ich in Paul's Tropical Bar und trinken Bier. Wir reden über das Drehbuch und stellen fest, dass wir alle drei das Buch unfertig fanden und viele Stellen mit Herzog diskutieren wollten. Natürlich ist der mit den Vorbereitungen so beschäftigt, dass er dafür keine Zeit hat. Wir sind alle drei frustriert. Es wird darauf hinauslaufen, dass viele Dinge erst beim Drehen am Set zur Sprache kommen werden. Es wird uns nichts anderes übrig bleiben, als die Arbeit abzuwarten, um Schritt für Schritt unsere Bedenken auszuräumen.

Hat Volker Schlöndorff Recht, den ich über Herzog ausfragte und der daraufhin sagte, dass dieser unbestreitbar Talent besitze, kühne Visionen habe, die er aber nicht mitzuteilen wisse, besonders, was die Arbeit mit den Schauspielern betrifft? Es wird viel von den menschlichen Beziehungen zwischen den Hauptfiguren gesprochen, aber wo sind sie denn, in präzisen Szenen?

4. 1. 81

Der peruanische Staatspräsident Belaunde besucht Iquítos, um einen drohenden Streik abzuwenden. Es geht um die Beteiligung an den Gewinnen, die aus den Ölvorkommen fließen.

Die Öl produzierende Gegend am oberen Amazonas, den Anden zu, hat sich von der Provinz Loreto, deren Hauptstadt Iquítos ist, abgespalten. Von den versprochenen 300 oder 400 Millionen sind nur 30 Millionen Dollar an die Provinz geflossen.

Letzte Nacht ist Mick Jaggers Sekretär Alan Dunn mit einer wahren Schiffsladung von Equipment in riesigen Aluminium-Containern angekommen: Kassetten, Video- und Tonrekorder, Filme und auch sonst jeder Menge Nachschub.

Herzog ist heute mit einem kleinen Motorrad auf einer Schotterstraße ausgerutscht und hat sich die Haut des rechten Unterschenkels vom Knöchel bis zum Knie böse blutig geschürft. Jedem zeigt er die unversorgte, sinternde Wunde.

Heute war mein erster Drehtag. Das Schiff, die »Molly Aida«, sieht gut aus. Fast den ganzen Tag kurvten wir in der Nähe von Iquítos auf dem Amazonas herum und drehten kurze Szenen im Ruderhaus, hauptsächlich zwischen Jason und mir. Es ging ganz gut. Abends sagte Herzog in seinem schrecklichen Englisch: »We ditt kwite well, but we ken do weller.« Jason fand die Arbeitsatmosphäre ziemlich humorlos, und ich musste ihm Recht geben.

Draußen regnet es, keine Sonne in Sicht, aber ziemlich warm. Ich habe Jaimes erste Szene umgeschrieben, d. h. praktisch nur die letzten Sätze umgestellt, da, wie meistens bei Herzogs Buch, die Szenen vom Kopf auf die Füße gestellt werden müssen. Das größere Problem ist die Szene 83, wo über die Indianer gesprochen wird, die zu Hunderten aufgetaucht sind. Was dabei nicht herauskommt, ist, dass Fitzcarraldo seinen Leuten die Angst nehmen will. Er müsste so etwas sagen wie: Er glaube nicht, dass die Indianer so gefährlich seien. Sie hätten doch so friedlich auf Carusos Schallplattenstimme reagiert. Nur dürfe man auf keinen Fall schießen. – In diesem Sinne habe ich die Szene umgeschrieben.

8.1.81

Mein zweiter Drehtag. Zwei Szenen auf dem Schiff, dann an Land die Szene in der Mission. Es regnete zwischendurch, und die schönen weißen Klamotten mussten nicht mehr auf Alt getrimmt werden, sondern wurden auf natürliche Weise eingetragen. Die Missionsszene wurde wegen Regens abgebrochen.

Abends ist Claudia Cardinale eingetroffen. Wir umarmten uns, dass alle um uns herum sicher eifersüchtig waren. Sie ist wieder etwas voller geworden, was ihr besser steht. Sie ist in Begleitung ihres Sohnes Patrick, den Journalisten bei ihrer Ankunft in Lima für ihren Liebhaber hielten, wie sie amüsiert erzählt.

Die Szenen, die wir bisher gedreht haben, sind alle so kurz und abgehackt, dass sie kaum die Möglichkeit zum Spielen geben. Leider wird das auch so bleiben, wenn man das Drehbuch genauer betrachtet. Herzog macht eben keine Filme für Schauspieler. Mit dem Kameramann Thomas Mauch tuschelt er ununterbrochen, schaut selbst durch die Kamera, dabei geht es ihnen nie um uns Schauspieler, um den Inhalt der Szene, sondern um kleine Details im Hintergrund, er stellt Komparsen auf und wieder um.

Einmal, in einer Zweierszene zwischen Jason und mir, fragt er Mauch leise, wie er die Einstellung finde. »Langweilig!« raunt ihm der zu. Da stellt Herzog einen Indio mit Kriegsbemalung frontal zur Kamera, so dass er groß im Vordergrund ins Objektiv starrt, während Jason und ich links und rechts davon als kleine Köpfe gerade noch im Hintergrund zu sehen sind. Jason und ich unterbrechen die Probe, und ich frage die beiden, ob das ihr Ernst sei. Sie schauen uns wie ertappte Jungs an. Ich sage, es wäre doch offensichtlich, dass man während dieser, für unsere Rollen wichtigen Szene ganz sicher nur auf den Indio und nicht auf uns Schauspieler achten würde. Also gut, der Indio wird aus dem Bild geschickt, während Herzog murmelt: »Man wird doch noch etwas ausprobieren dürfen!«

Heute gab Herzog mir ein Büchlein, das er geschrieben hat und das nun auf Italienisch herausgekommen ist. Ich möge es lesen und ihm sagen, ob es mir ordentlich übersetzt erscheine. Ich habe den Verdacht, er wollte nur einen Vorwand finden, um mir zu zeigen, dass er wahrhaftig ein »Poet« sei.

Das kleine Buch beschreibt Herzogs Fußmarsch im Winter von München nach Paris, mit dem er Lotte Eisners Leben zu retten gedachte, die in ihrer Pariser Wohnung angeblich im Sterben lag. Lotte Eisner ist die bedeutende Historikerin des deutschen Stummfilms und nicht zuletzt Herzogs Entdeckerin und Muse in Frankreich, wo sie, vor den Nazis geflohen, seit Jahrzehnten lebt. Ich fragte Herzog etwas hinterfotzig, warum er nicht nach Paris geflogen sei, um Lotte Eisner ins Krankenhaus zu bringen. So hätte er entscheidende Zeit verloren, während der sie doch hätte sterben können. Er schaute mich an, als wäre ich schwachsinnig: Aber das sei doch der Sinn des Fußmarsches gewesen, durch ihn wollte er Lotte Eisners Leben retten!

Ich habe heute einen Blick hineingeworfen. Der deutsche Titel müsste so ähnlich lauten wie »Vom Gehen im Eis«. Hier ein paar bezeichnende Sätze daraus:

> *Die Eisnerin darf nicht sterben, sie wird nicht sterben, ich erlaube das nicht. Sie wird nicht sterben, sie wird nicht. Nicht jetzt, das darf sie nicht. Nein, jetzt stirbt sie nicht, weil sie nicht stirbt. Meine Schritte gehen fest. Und jetzt zittert die Erde. Wenn ich gehe, geht ein Bison. Wenn ich raste, ruht ein Berg. Wehe! Sie darf nicht. Sie wird nicht. Wenn ich in Paris bin, lebt sie. Es wird nicht anders sein, weil es nicht darf. Sie darf nicht sterben. Später vielleicht, wenn wir es erlauben ...**

Da ist die Rede vom »*Weltzusammenbruch*«, von »*unvorstellbaren Sternenzusammenbrüchen*«, da gibt es ein merkwürdiges Satzgebilde wie: »*Das Gehen sollte ein jeder*« und schließlich: »*Wenn ich jetzt aufstehen muss, erhebt sich ein Mammut.*«

---

*) Hier wurde meine Übersetzung aus dem Italienischen ins Deutsche, die in meinem Tagebuch steht, durch Herzogs Original ersetzt, um ihm gerechter zu werden. (»Vom Gehen im Eis«, Hanser Verlag 1974)

Mir wird klar, dass Herzog kein Filmregisseur im herkömmlichen Sinne ist, sondern ein Bildersucher, ein Sucher von außerordentlichen, nie gesehenen Bildern. Aber diese Bilder zeigen mit Vorliebe real abgelichtete Extremsituationen, die er dann als gewollte und gestaltete Ergebnisse seiner Regiekunst bezeichnet. Auch seine Hauptfiguren sind fast ausschließlich Grenzgänger, Wahnsinnige, Unglücksgestalten aus dem Leben oder aus der Literatur wie Kaspar Hauser, Woyzeck, Nosferatu, Bruno S., Strozcek und eben Fitzcarraldo.

Dabei gelingen ihm auch sehr schöne Bilder und Beschreibungen in seinem kleinen Buch, aber das sind eben nicht die gewaltigen Naturschauspiele, die er beschreibt, die titanischen Überlebensabenteuer, wo aus dem Hintergrund Nietzsche und Ernst Jünger grüßen lassen, sondern es sind die kleinen Beobachtungen, leise, ganz unheldische Augenblicke und zuweilen sogar wirklich poetische Seiten, wie etwa die kleine Geschichte vom Großvater, der eines Tages nicht mehr von seinem Stuhl aufstehen will.

Dann endet es doch wieder, wie es begonnen hat: Als er in Lotte Eisners Pariser Stube sitzt und die geschundenen Beine auf einen Sessel legt, kommt wieder der überhebliche Kraftmeier hervor, der zur Geretteten sagt: *»... öffnen Sie das Fenster, seit einigen Tagen kann ich fliegen.«*

10. 1. 81

Nachtdreh. Abholung um 15:30 Uhr. Gestern Nacht kam Mick in mein Zimmer und blieb bis gegen 3 Uhr. Wir sprachen wie immer bisher über das Buch, dann aber über seine Arbeit als Sänger, Autor und – Geschäftsmann. Er erzählte über seine Anfänge, als es für die Interpreten nur einen Appel und ein Ei gab, selbst die Autorenrechte gingen für eine Hand voll Dollars oder Pfunde weg. Er sei dann derjenige gewesen, der für sich zuerst die Beteiligung »from the first dollar« durchgesetzt habe.« Heute seien auch viele andere durch dieses Recht und seine Initiative zu Millionären geworden.

11.1.81

Bisher schönster, aber heißester Tag in Iquítos. 6:45 Uhr Abholung zum Drehen der Abfahrtsszene der »Molly Aida«. 5000 Komparsen, hatte Herzog getönt, seien aufgeboten. Ich schätzte ihre Zahl auf höchstens die Hälfte, und sie schienen mir während des Tages immer weniger zu werden. Jason erzählte mir, dass die Produktion den Komparsen 10 Soles pro Kopf und Tag bezahlt, zum Vergleich: 1 $ = 340 Soles. Eigentlich eine Schande und kein Grund, darauf stolz zu sein.

Ich hatte darauf aufmerksam gemacht, dass in jener Zeit, Anfang des Jahrhunderts, alleine schon aus Modegründen Sonnenschirme so ein Bild bestimmt hätten, von der Nützlichkeit bei der infernalischen Hitze ganz zu schweigen. Es gab nicht einen einzigen Sonnenschirm! Kein Wunder, dass die armen Leute, die man um 4 Uhr morgens in die Kostüme gesteckt hatte, wie die Fliegen umfielen. Als sich dann noch herausstellte, dass es kein Essen und nichts zu trinken gab, liefen die Komparsen scharenweise davon. Irgendwann nachmittags gab es erbärmliche Käsebrötchen und ein paar Flaschen warmer Limonade. Mick war gar nicht erst gekommen und fehlte bei der Ausfahrt der »Molly Aida«.

Claudia im weißen Kleid mit Hut, auch sie ohne Schirm, sah hübsch aus. Beim Drehen herrschte ein unbeschreibliches Durcheinander, die Walkie-Talkies fielen aus. Herzog wollte wieder mal alles allein machen und sauste herum wie ein geölter Blitz. Er genoss es sichtlich, und Jason scherzte: »Schau da oben: Adolf!«

Abends bei Don Giovanni. Abendessen mit Claudia Cardinale plus Sohn Patrick, Jason, Mick, Herzog und seine italienische Freundin Dialta sowie Claude, der mir von Herzog als Arzt vorgestellt wurde, da ich vertraglich auf einem Arzt am Set bestanden hatte. Es stellte sich aber bald heraus, dass er im besten Fall Psychologe war und nicht einmal einen Verband anlegen konnte.

Herzog erzählte die heldenhaft-rührende Geschichte, wie Walter Saxer, Herzogs Partner und Herstellungsleiter, vor acht Monaten ohne Geld dastand, Gloria, seine peruanische Frau, geklautes Shampoo verkaufte, um drei Kilo Reis fürs nackte Überleben zu kaufen. Als Herzog damit schloss, dass er heute stolz und glücklich sei, trotz aller Hindernisse so eine Truppe gut bezahlter, ja schamlos überbezahlter Schauspieler (auf Herzog-Englisch: »shamelessly overpaid actors«) um sich zu haben, lief er voll in eine rechte Gerade Jasons: »Du arrogantes deutsches Arschloch!« Er wolle solche Dinge nicht hören. Er selbst habe ganz unten angefangen und Dinge erreicht, die er, Herzog erst noch erreichen müsse. Er müsse froh und dankbar sein, dass er überhaupt solche Schauspieler wie uns um sich habe, die er gar nicht verdiene, und was »shamelessly overpaid« beträfe, seine, und er nehme auch an, Micks, meine und Claudias Gagen bewegten sich sicher weit unter dem, was wir alle normalerweise verdienten. Es trat eine eisige Stille ein. Herzog hatte sich etwas abgewandt, Claudia, die ihm gegenüber saß, flüsterte mir zu: »Piange!« (Er weint).

In diesem abgekühlten Klima wagte ich einen Kalauer auf »Far from the Madding Crowd«: Far from the Madding Kraut! Jason lachte sehr darüber, war plötzlich wieder guter Laune und nahm einige Male sein Gebiss heraus, zum abgewandten Herzog zahnlos hingrimassierend. Amerikaner haben damit offenbar kein Problem. Das erinnerte mich an den sehr jungen Jim Hutton in »Sierra Charriba«, der einmal sein komplettes Gebiss herausnahm, um mir zu zeigen, dass es im Licht einer ultravioletten Lampe quittengelb aussah. Der Grund, weshalb er nie in eine Disko ging.

12. 1. 81

Freier Tag nach dem gestrigen Sonntagsdreh. Mit Mick bis morgens 5 Uhr geredet. Er sprach über seine Rolle des Wilbur, einem ausgestiegenen englischen Bühnenschauspieler. (Dafür hätte Kinski sicher besser gepasst.) Er ist sehr besorgt über die Schauspielerszenen, in denen er zwei Shakespeare-Monologe sprechen muss: Richard III., Gloucesters Anfangsmonolog:

»Now is the winter of our discontent
Made glorious summer by this sun of York ...«

Das Wortspiel »sun-son« (Sonne-Sohn) war ihm nicht aufgefallen. Wenn er so einen klassischen Text sprechen muss, merkt man auch, dass er kein ausgebildeter Sprecher ist und einen leichten Cockney-Akzent hat. Ich habe es ihm einige Male vorgesprochen und habe ihn beeindruckt – why not?! Der zweite Monolog ist Othellos Eifersuchtsszene, die im Film auf einer Gardenparty stattfindet. Für diese Szene hatte ich die Idee, dass er sich vorher am Feuer das Gesicht mit Ruß schwarz färbt, einer Dame die rote Mantille, von der Schulter reißt und so die Szene spielt. Das gefiel ihm.

Die Abreise in den Dschungel ist wegen Verspätung des Schiffes, des »Molly Aida«-Doubles, um zehn Tage verschoben worden. Ich werde morgen, Dienstag, drehen und bin dann bis zum 19.1. frei. Für Montag ist die Anheuerungsszene geplant.

Bei den Dreharbeiten heute in Belem wieder das Übliche. Ich habe meine Bearbeitung der Anheuerung des Kapitäns Jaime ohne Abstrich durchgesetzt. Hinzu kam diesmal, dass ja auch die Idee vom blinden Kapitän meine war. Wenn ich sage: das Übliche, so heißt das: Herzog hatte wie immer keine genaue Vorstellung vom inhaltlichen Ablauf, ihn interessiert nur der technische Ablauf einer Szene. Jason nennt dies einfach amateurhaft, und ich kann ihm nicht Unrecht geben.

24.1.81

Frühstück mit Jason in der Cafeteria. Mein 7. Drehtag. Szene in der Eisenhandlung. Der Händler war wieder einmal mit einem guten einheimischen Typ mit äußerst mangelhaftem Englisch besetzt. Es dauerte Stunden, bis wir die kleine Szene im Kasten hatten.

Abends bei Don Giovanni tauchte Herzog auf, ging von Tisch zu Tisch und verkündete die Neuigkeit, dass man morgen nicht abfliege, weil die Landepiste in Sebahue durch die Regenfälle aufgeweicht sei und man nicht landen könne. Die Abreise sei auf Dienstag verschoben.

Gegen 14 Uhr fahren wir im Taxi nach Quistacocha, einem See in der Nähe des Flughafens. Dort ist fast das ganze Filmteam versammelt. Ein Ausflugsort, der nur aus ein paar Holzhütten besteht, wo Getränke verkauft werden, Bier, Coca-Cola und Limonade, daneben ein Grill für Hähnchen und Bananen. Herzog, ziemlich betrunken, tanzt unter einem Bild der Gioconda, merkwürdig autistisch, ein Debüt, verkündet Dialta, wie wild fotografierend.

Später gehe ich allein zum See hinunter. Dort gibt's ein kleines Museum mit ausgestopften Vögeln, konservierten Fischen, Schildkröten, aber auch lebendigen Tieren, herrlich bunten Papageien, Anacondas, einen laut schnurrenden Ozelot in einem viel zu kleinen Käfig. In mehreren Becken eine ordentlich angelegte Fischzucht mit Paiches, einem großen, plattmäuligen Fisch, in einem anderen Teich unglaublich gefräßige Piranhas. Ich werfe ein Stück Brot hinein, in Sekundenschnelle kocht und zischt das Wasser, und es ist eine sehr ungemütliche Vorstellung, auch nur einen Finger ins Wasser zu stecken.

Der See ist etwa so groß wie der Laacher See. Ich setze mich von den anderen Leuten des Teams ab, die lärmend baden, lasse mich an einer kleinen Lichtung nieder und lese ein paar Seiten in John le Carrés »Agent in eigener Sache« auf Spanisch, geht ganz gut. Es ist sehr schwül, und ich will mich im Wasser erfrischen, aber die trübe, grüngelbe Brühe ist fast so warm wie die Luft draußen und lädt durchaus nicht zum Schwimmen ein. So setze ich mich auf einen Baumstamm, den ich einen halben Meter unter dem Wasserspiegel mehr ertaste als sehe.

Plötzlich ein Schrei und viel Aufregung von der Seite, wo die anderen baden. Bis ich aus dem Wasser gekommen bin und mich angezogen habe, sind alle verschwunden. Es wird schon dunkel, als ich ein Taxi finde, das besetzt ist, mich dennoch mitnimmt. Später höre ich von Lucki und Dialta, die zu mir ins Zimmer kommen, um zu erklären, warum alle so plötzlich abgefahren waren, ohne mich mitzunehmen. Bubu, der zweite Kamera-Assistent, sei von einem Piranha in den großen Zeh gebissen worden, und man musste ihn schnell in die Klinik fahren.

26. 1. 81

Heute Vormittag auf einem Kanonenboot der peruanischen Marine (Baujahr 1904, mit einer Dampfmaschine aus dem Jahr 1896!) die Szene 164 gedreht, d. h. Wachwerden vor dem Pongo (gefährliche Hohlenge mit Stromschnellen), Durchfahrt und Versuch, die Maschine zu starten. Da das Boot bei dieser Innenszene natürlich festliegt und sich nicht wirklich nennenswert bewegen lässt, müssen Jason und ich die Bewegung des schaukelnden Schiffes mimen. Ich improvisiere ein Anschlagen mit dem Kopf an den Eisenrahmen der Tür. Herzog stoppt die Aufnahme, weil er denkt, ich hätte mir ernsthaft wehgetan. Auch beim zweiten und dritten Mal ist er von der »Echtheit« meiner Darstellung beeindruckt und sagt jedes Mal, ich soll es doch zugeben: Jetzt hätte ich mich aber wirklich verletzt. Jason und ich machten uns darüber lustig. Herzog scheint wirklich nicht mit Schauspielern verwöhnt zu sein, wenn solche Tricks ihn beeindrucken können.

Morgen soll es also endgültig in den Dschungel gehen. Am Abend letztes Essen bei Don Giovanni. Gegen Ende der Mahlzeit kommt Don Giovanni aus der Küche und setzt sich zu mir, um mit mir ein Glas zum Abschied zu trinken. Er erzählt zum ersten Mal von den Schwierigkeiten, die er in all den Jahren als Ausländer hier hatte, obwohl er mit einer Peruanerin verheiratet ist. Vor wenigen Jahren noch hatte es eine ganze Serie von Unfällen im Lokal gegeben, Todesfälle in seiner Familie und unter seinen Angestellten, bis eines Tages eine Freundin seiner Frau ihm verraten habe, dass dies kein Zufall sei. Es sähe ganz nach einer Macumba aus. Ich kannte diese Voodooähnliche Geisterbeschwörung aus Brasilien. Don Giovanni habe nun sein Lokal genau untersucht und tatsächlich in allen vier Ecken des Restaurants kleine Häufchen eines weißen Pulvers gefunden. Jemand hatte also einen bösen Zauber auf Don Giovannis Lokal geworfen.

Wie nun Abhilfe schaffen? Die Freundin wusste Rat: Man musste eine Gegen-Macumba machen. Die benötigte Magierin wurde gefunden, zelebrierte den rituellen Zauber, um die bösen Geister zu vertreiben, und legte in allen Ecken des Lokals das Gegengift aus. Und es half. Don Giovanni fragte mich, ob ich jemals die Brandspuren an der Fassade seines Hauses bemerkt hätte. Ich hatte tatsächlich schon am Anfang meiner Besuche bei ihm gesehen, dass das Haus vor einiger Zeit einen Brand überstanden haben musste. Die Fassade der Etagen über seinem Restaurant waren schwarz von Rauchspuren, die Fenster hohl und die oberen Stockwerke unbewohnt. Nur sein Bereich schien säuberlich wiederhergestellt. Jetzt aber erzählt er mir, dass sein Restaurant keiner Reparatur bedurft habe, denn als eines Nachts das ganze Haus in Flammen stand, sei nur sein Restaurant von dem Feuer verschont geblieben ...

28.1.81

Gestern Morgen sollte es um 7 Uhr vom Hotel zum Militärflugplatz losgehen. Es war zehn vor acht, bis alle, besonders Mick Jagger, ihr Gepäck im Wagen hatten. Auf dem Flugplatz stand eine alte, rot angestrichene DC3, eine Transportmaschine (ohne Sitzreihen und Bullaugen). Mit neuen Motoren, eben erst überholt, wurde uns versichert. (Was denn nun, fragte ich mich: Neu oder überholt??) Die beiden Piloten, junge, nette Peruaner. Große Probleme vor dem Abflug mit dem Ladegewicht. Drei Personen und ca. 150 kg Material werden zurückgelassen. Alan Dunn und Mick hatten ausgerechnet, dass die Maschine hoffnungslos überladen war: 4000 kg anstatt 2500-2600! Doch dann ist es ausgerechnet Mick mit seinem Riesengepäck, der sagt: »Let's go!«.

So geht es kurz nach neun los. In der Mitte der Maschine ist unter einer großen Zeltplane das zum Filmen nötige Material und das persönliche Gepäck verstaut und festgezurrt, die Passagiere sitzen an der Seite auf eisernen niedrigen Bänken, für Fallschirmspringer gedacht, nehme ich an. Man kann nicht hinausschauen, die Maschine zuckelt etwas schwanzlastig und mit mühsamem Brummen, das Gepäck ächzt in den Seilen. Aber die Stimmung ist erstaunlich gut. Kaffee in großen Thermosflaschen wird herumgereicht, Geschichten werden erzählt, auch schon einmal ein Lied gesungen.

Nach zweieinhalb Stunden Zwischenlandung zum Auftanken und Beinevertreten in Pucallpa, einer Stadt im Urwald zwischen Lima und Cuzco auf einem kleinen Flugplatz mit guter Piste und sogar einer Bar, in der es allerdings nur Bier und Sandwiches gibt. Vierzig Minuten später geht es weiter, noch mal eineinhalb Stunden nach Süden mit anschließender erstaunlich guter Landung auf einer holprigen Lehm- und Graspiste mitten in einer Art afrikanischer Savannenlandschaft ohne Unterholz am Rande des Dschungels.

Alle Mann machen sich ans Entladen des Flugzeugs, jeder auf der Suche nach dem eigenen Gepäck, das im Gänsemarsch durch das kniehohe Gras zum Dorf Sebahue getragen werden muss, wo der gleichnamige Fluss in den Urubamba mündet und von wo es per Boot und Wasserflugzeug zum eigentlichen Drehort, einem Camp am Camisea, gehen sollte. Es gibt sogar etwas zu essen, aber sonst außer einigen armseligen Hütten kein Hotel oder Häuser, die als Unterkunft hätten dienen können. Daran war auch nicht gedacht, das ganze Filmteam sollte bis Sonnenuntergang in das Camp am Camisea geflogen werden, außer den Technikern, die das ganze Material mit Booten dorthin schaffen müssen. Also warten wir auf die Boote und vor allem auf das Wasserflugzeug, mit dem erst einmal die Schauspieler ins Camp fliegen sollten.

Herzog hängt an einem Feldtelefon mit Walter Saxer, dem Co-Produzenten im Camp, und versucht herauszufinden, warum die Boote und das Flugzeug noch nicht da sind. Mick Jagger hüpft am Ufer auf riesigen Baumstämmen herum, rutscht aus und fällt zur allgemeinen Schadenfreude ins schlammgelbe Wasser. Sympathischer wird dann gelacht und gegrinst, als er sich vor aller Augen nackt auszieht, um in trockene Kleider zu steigen. Nach über zwei Stunden kommt endlich das Wasserflugzeug an, allerdings nicht aus der Luft, sondern es tuckert auf dem Wasser schaukelnd heran. Es ist eine alte Cessna mit Schwimmern, die nicht wasserdicht sind und erst einmal mit Konservenbüchsen mühsam leergeschöpft werden müssen.

Mit dem ersten Flug sollten Jason, Mick und ich ins Camp geflogen werden, aber der Pilot sagt etwas von zu viel Gewicht, so bleibe ich zurück, und der halb so schwere Martinez Chavez »Resortes« klettert in die Cessna. Die schippert wieder davon, den Sebahue hinauf, weil die Startstrecke von hier aus zu kurz ist. Sie sollte vor dem Abheben nicht bis hinaus auf den Urubamba kommen, der ein wilder, unberechenbarer Fluss mit unzähligen Stromschnellen ist. Fünf Minuten später rast die Maschine, ohne hochzukommen, immer wieder heftig aufklatschend, an uns vorbei und verschwindet in Richtung Urubamba.

Der Flug zum Camp sollte angeblich zehn bis fünfzehn Minuten dauern. So warten wir geduldig, und tatsächlich, nach zwanzig Minuten taucht das Flugzeug wieder auf und legt am Flussufer an.

Wie erstaunt schauen wir alle drein, als Jason und Mick kreidebleich aus der Maschine steigen und über die Stämme zum Ufer wanken. Wir bekommen mit, dass die Maschine den Start versucht hatte, aber, überladen wie sie war, ohne abzuheben immer wieder heftig aufs Wasser aufschlug, bis Jason und Mick aufgaben, weil ihnen übel war. Jason macht Herzog dann auch klar, dass er nie mehr ein solches Flugzeug besteigen und lieber mit einem Boot den Fluss hinauffahren wird, und sollte es drei Tage dauern. Eine Piroge, der große, heutzutage motorgetriebene Einbaum der Indios, den man hier wegen des Motorgeräuschs Peque-peque nennt, braucht tatsächlich etwa vierundwanzig Stunden, während ein Speedboat die Strecke in gut acht Stunden schafft.

»Wer hat den Mut, mit Resortes zu fliegen?« fragt Herzog, sich an uns alle wendend. Resortes, der in der Maschine geblieben war, will auf einmal doch nicht mehr und steigt ebenfalls aus. Ich meldete mich, aber nicht, weil ich mutig sein wollte, sondern vor allem, weil ich von diesem Ort wegkommen wollte, wo es kein Hotel und nur Ratten gab. Ich wollte ins Camp und in einem richtigen Bett schlafen. Während einige Indios wieder das Wasser aus den Schwimmern schöpfen, steige ich in die Cessna und setze mich auf den Sitz rechts vom Piloten. Herzog schiebt die Maskenbilderin Gloria Fava, Tochter Otello Favas, eines mir gut bekannten Maskenbildners aus Rom, hinter mir in die Kabine, in der vier Passagiere Platz haben.

Herzog schaut zur Kabinentür herein. Hinten in der Ecke sitzt ein runzliges Männchen, ein alter Indio. Herzog fragt, wer das denn sei. Als ihm erklärt wird, dass dies der einheimische Lotse sei, schreit Herzog: »Der Pilot kennt den Weg. Raus hier! Zu schwer!« Damit zerrt er den verängstigten Alten eigenhändig aus der Maschine und schlägt die Kabinentür zu.

Ich sehe zum ersten Mal den Piloten an: Ein junger, apathisch dreinschauender Indio, der nicht gerade Vertrauen erweckend, bestenfalls wie ein träger Taxifahrer wirkt. Er startet die Maschine. Hustend springt der

Motor an, der Propeller flattert los, unentschieden, nach welcher Seite er sich drehen soll. Wieder schaukeln wir den Sebahue hinauf, machen kehrt, der Pilot gibt ohne Vorwärtsgang Gas, Powercheck, mit beängstigendem Brummen schüttelt sich die Maschine wie ein Hund, der aus dem Wasser kommt, zischt dann mit Vollgas den Sebahue hinunter, vorbei am Dorf, wo ich auf meiner Seite die ganze Crew als Zuschauer wahrnehme, die Maschine bekommt jedoch wieder nicht genug Fahrt zum Abheben, beginnt zu hüpfen, zu springen, kracht mit jedem Aufklatschen in den Spanten. So geht es auf den unruhigen Urubamba hinaus, das Gerüttle wird schlimmer, gleich musste die Maschine auseinander brechen, so kommt es mir vor, doch plötzlich hört das Rütteln auf, der Motor brummt zufrieden auf, und ich merke, dass die Maschine abgehoben hat. Kaum sind wir eine Minute in der Luft, wendet sich der Pilot fragend zu mir: »Donde està?« (Wo ist es denn?) Mir fällt das Kinn herunter. Daher also der Lotse! Und Herzog schmeißt ihn raus! Dem Urubamba nach, so viel war klar! Die Richtung mehr oder weniger Westen, so viel hatte ich mitbekommen, als ich nach der Lage des Camps fragte. Ich hatte gehört, dass es nicht weit von der Mündung des Camisea in den Urubamba lag. Ich schreie also ein paar Mal: »Camisea! Camisea! Non conoces? Ca-mi-se-a!« Der Indio schüttelt den Kopf. Das darf doch nicht wahr sein! Herzog hatte erklärt, wenn man sich verirren sollte, so müsse man einfach nur dem Flusslauf folgen. Ich schaue hinunter. Unter uns ein Fluss. Ist es der Urubamba? Und wenn schon: Wenn man den Mäandern des Flusses gefolgt wäre, würde man tagelang da unten herumkurven.

Wir fliegen jetzt in etwa vier- bis fünfhundert Metern Höhe, der Höhenmesser dreht sich schnell und zeigt 1300 Fuß, das könnte stimmen. Unten hat der dichte Regenwald begonnen, und von oben sehen die Bäume aus wie – wie Petersilie, ja, wie ein Petersilienbeet, ein unendliches Petersilienfeld. Ich schaue nach vorn, und mich durchfährt ein Schreck: Vom Horizont her rollt eine gigantische, pechschwarze Walze mit ungeheurer Geschwindigkeit heran, eine Gewitterwolke, wie ich sie noch nie gesehen hatte. Ich schätze sie ca. 800 bis 1000 Meter hoch und etwa 4 bis 5 Kilometer breit. Ich werfe einen Blick auf den Piloten, der das Steuerhorn rhythmisch ruckend zu sich heranzieht und so versucht, Höhe zu gewinnen, um die Walze zu überfliegen. Aber die Cessna schafft es nicht. Da ist die Wolkenwalze auch schon heran. Die ersten großen Regentropfen klatschen handtellergroß auf die Scheibe, plötzlich wird es dunkel ringsherum, dann packt eine Riesenfaust das kleine Flugzeug, wirbelt es so, dass man nicht weiß, wo oben und unten ist, lässt es fallen, packt es wieder, wirft es hoch, helle Blitze erleuchten für Sekunden das Dunkel. Wie als kleiner Junge will ich die Sekunden bis zum Donnern zählen, doch auf jeden Blitz folgt unmmittelbar ein krachender Donnerschlag, aber überhaupt kein dunkles, rollendes Donnern, sondern wie ein helles Brechen von tausend Holzlatten. Ich hämmere mir Ruhe in meine Angst: Faraday'scher Käfig, da kann kein Blitz hinein! Faradayscher Käfig! Physikstunde, Dr. Alois Bauer, wehe, wenn du nicht Recht hattest! Gloria Fava hinter mir schreit, jammert, betet: »Santa Maria, madre di Dio ...«

Nach einem besonders schrecklichen Krachen trudelt die Maschine nach unten. Ich denke: Das war's! Ich warte auf die oft geschilderten Bilder, in denen das ganze Leben ein letztes Mal in Gedankenschnelle vor unserem geistigen Auge vorüberrasen soll, nichts, von Gloria höre ich die letzten Worte des Ave Maria: »... bitte für uns Sünder, jetzt und in der Stunde unseres Todes. Amen.«

Auf einen Schlag wird es hell vor meinen Augen, und ich merke, dass wir immer noch fliegen, dass wir aus dem Gewitter heraus sind und hinaus in den blauen Himmel steigen. Die Sonne scheint von vorn in die Kanzel. Ich atme tief durch und denke: ›Es hat noch nicht sollen sein.‹ Hinter mir murmelt Gloria: »Grazie, Madonna! Grazie! Grazie! Grazie!«

Wir fliegen etwa noch fünfzehn Minuten lang weiter, ich schaue auf meine Uhr: Jetzt sind wir schon fast eine halbe Stunde unterwegs, unter uns kein Fluss, kein Urubamba, kein Camisea. Ich schaue den Piloten von der Seite an. Sein unbewegtes Gesicht ist schweißgebadet. Ein Indianer kennt keinen Schmerz, aber doch Angst. Na also, das beruhigt.

Jetzt geht mein Blick auf das Instrumentenbrett vor mir. Ich verstehe nichts von den Zeigern und was sie anzeigen, vom Höhenmesser abgesehen. Die kleinen runden Uhren müssen die Benzinanzeiger für die beiden Tanks sein, denn darüber steht: Fuel, und innen auf dem Zifferblatt links ein E und rechts ein F, klar, das E steht für »empty« und das F für »full«. Der kleine Zeiger steht eindeutig auf E! Ich fühle, wie mir das Blut aus dem Schädel nach unten sackt: Empty, der Tank ist leer! Ich schaue auf das andere Zifferblatt. Auch hier steht der Zeiger auf E, zittert aber noch ein wenig. Ich versuche ruhig zu bleiben und denke:

Vielleicht funktioniert die Anzeige nicht. Ob der Pilot das gesehen hat? Ich schaue ihn an, er bemerkt meinen beunruhigten Blick und sagt, als hätte er nur auf diesen Blick gewartet: »Me vuelvo«, oder so ähnlich, das soll wohl heißen: »Ich kehre um« – »Con que carburante?« frage ich trotz meiner Angst etwas boshaft. Der Indio schaut auf die Fuel-Anzeige, und seine Augen glubschen vor Entsetzen aus den Schlitzen, er wird weißer im Gesicht, als ich jemals einen unbemalten Indio gesehen habe. Seine Hände am Steuerhorn zittern merklich. Mir geht nur ein Gedanke durch den Kopf: Herunter von hier oben! Bevor der Sprit völlig zu Ende geht, müssen wir schleunigst einen Fluss finden, um notzuwassern. Ich merke, wie mir ein Gefühl der Panik den Rücken hochkriecht.

»Un rio! Busca un rio!!!« schreie ich den Indio an. Wie zur Antwort beginnt der Motor zu stottern. Ich schaue nach rechts hinunter: Petersilie! Ich merke: Wir verlieren an Höhe. Petersilie wird zu grünen Sträuchern, dann zu Bäumen. Nicht der kleinste Fleck oder eine Lichtung, wo man ohne totalen Crash eine Landung hätte versuchen können. Außerdem hatte die Cessna ja nur Schwimmer! Da muss Wasser her. »Lieber Gott, schick uns einen Fluss!« bete ich. Ich blicke rechts hinaus und sehe tatsächlich: Da unten ist ein Fluss, und nicht nur ein Fluss. Ich schwöre bei allem, was mir heilig ist: Auf dem Wasser schwimmt ein Flugzeug! Genauso ein Wasserflugzeug wie unseres! Voll irrsinniger Freude zeige ich nach unten und schreie aufgeregt: »En bajo! En bajo!!!« (»Runter, runter!!!«)

Der Indio schiebt das Steuerhorn nach vorne, und augenblicklich stellt sich die Cessna auf die Nase und sackt wie ein kaputter Aufzug nach unten. Gloria hinter mir schreit schrill auf, ich umklammere mit beiden Händen die eiserne Stützstange vorn über dem Dashboard, das moosgrüne Wasser des Flusses springt auf mich zu, als drehte ich heftig am Zoom einer Kamera, der Motor heult auf, stottert und spuckt, im letzten Augenblick gelingt es dem Piloten, die Maschine abzufangen, ich schließe die Augen, und Sekunden später krachen die Schwimmer aufs Wasser, wie ein flacher Kieselstein hüpft das Flugzeug hoch, scheint zu fliegen, schlägt wieder aufs Wasser, ringsherum zischt und kracht es, wie betrunken schwankt die Maschine mal auf einem, dann auf dem anderen Schwimmkörper, kommt zum ruhigeren Gleiten und tatsächlich zum Stehen. Stille. Nur Gloria schluchzt leise.

Der Pilot und ich steigen aus der Maschine, springen ins Wasser, ziehen uns an Wurzeln und Lianen aufs Ufer hoch und machen uns auf den Weg hinüber zu dem anderen Flugzeug. Wir finden den Piloten, der am Motor seiner Cessna werkelt und sich offenbar durch unsere unorthodoxe Wasserung nicht aus seiner Ruhe bringen ließ. Mein Indio beginnt eine Konversation auf Spanisch, erzählt, dass er sich verirrt habe und dass ihm kaum mehr als vier, fünf Gallonen Sprit geblieben seien. Der Fremde antwortet Kaugummi kauend – auch am Akzent höre ich, dass er Amerikaner ist –, ohne seine Arbeit zu unterbrechen. Er erklärt dem Indio, dass er morgen circa 400 Meilen nach Süden schaffen müsse und kein Benzin abgeben könne. Sorry.

Hier greife ich ein und erzähle auf Englisch so dramatisch wie möglich, dass wir heute noch Jason Robards und Mick Jagger zu unserem Camp am Camisea bringen müssen, da die beiden sonst ohne Funkverbindung, ohne Unterkunft und Verpflegung in Sembahue allein gelassen wären. Das scheint Eindruck zu machen. Der Pilot unterbricht seine Arbeit, hantelt sich von seiner Maschine, reibt mit einem Lappen das Öl von seinen Händen und geht mit uns hinüber zu unserer Cessna. Er schaut sich das Flugzeug an, schüttelt den Kopf, bemerkt knurrend, dass die Schwimmer undicht seien, voller Wasser. Er steigt auf die Maschine, klettert auf die Tragfläche des Hochdeckers, schraubt den Deckel eines der Benzintanks auf, schaut in den Tank, bringt das Flugzeug mit einer Gewichtverlagerung zum Schaukeln, legt ein Ohr an die Tanköffnung, macht das Gleiche mit dem zweiten Benzintank, fragt dann meinen Piloten:

»Wie viel Gasoline, sagtest du, ist in dem Tank?« – »Quasi seco«, erwidert der kleinlaut. »Not quasi«, belehrt ihn der Ami, »seco!« Jetzt wird mir nachträglich beinahe übel: In beiden Tanks kein Tropfen Sprit! Ich erzähle dem Amerikaner, dass unser Camp an der Mündung des Camisea in den Urubamba liegt. »Das ist gerade mal zehn Flugminuten von hier, also gleich um die Ecke«, erfahre ich jetzt. »Ich könnte euch ja einen Kanister Benzin geben, aber ...« »Wir bringen es Ihnen morgen früh zurück! Das verspreche ich Ihnen!« – »O. K., ich geb's euch, aber ich mach's nicht wegen Mick Jagger, den mag ich nicht, aber Jason Robards jr., das ist ein toller Schauspieler, grüßen Sie ihn von mir.«

Wir gehen zurück zu seinem Flugzeug, er gibt mir einen Kanister zum Halten, klettert mit einem Stück Schlauch auf die Tragflächen, saugt den Treibstoff durch den Schlauch aus dem Tank an und lässt den Kanister voll laufen. Dann sagt er zu mir: »Nimm den anderen Kanister da auch, sonst fallt ihr mir noch in die Petersilien!« Er benützt das englische »parsley« dafür, aber ich staune etwas, denn ich hatte mir eingebildet, dass das Bild vom Urwald als Petersilienbeet meine Erfindung war. Dann zeigt mir der Amerikaner noch auf der Karte unsere Position und den Weg zum Camisea. Meinem Indio schärft er ein, nur ja nicht auf dem Urubamba zu wassern, der gerade an dieser Stelle voller Stromschnellen ist, während sich das Wasser des Camisea an der Mündung zu einem glatten und breiten See staut. »Also: Linkskurve und bequem aufsetzen! Und jetzt los, wenn ihr vor Sonnenuntergang noch ankommen wollt.«

Es war inzwischen tatsächlich später Nachmittag. Wir bedanken uns, und ich verspreche ihm noch einmal, dass ich ihm morgen früh den Sprit herschicken würde. Jeder mit einem Kanister beladen, gehen der Indio und ich zurück zu unserer Maschine und füllen den Treibstoff in die Tanks. In aller Eile schöpfen wir mit Konservendosen das Wasser aus den Schwimmern, und dann geht's los.

Gloria war hinten in der Kabine eingeschlafen, und sie schreckt erst hoch, als der Pilot die Maschine startet, was allerdings eine kleine Ewigkeit dauert. Endlich sind wir wieder in der Luft. Diesmal folgen wir einfach nur dem ziemlich geraden Flusslauf. Ich halte auf der linken Seite nach der Mündung des Camisea Ausschau, und tatsächlich kommt sie nach weniger als zehn Minuten ins Blickfeld. Ich zeige dem Piloten die Mündung links voraus, er setzt zum Wassern an, doch zu meinem Entsetzen biegt er nicht links in die Bucht mit dem spiegelglatten Wasser ein, sondern geht fast im Sturzflug hinunter und knallt die Maschine auf den Urubamba. Gegen das, was sich jetzt abspielt, war das vorherige Wassern beim Amerikaner ein vorbildliches Routinemanöver. Der Aufprall ist dermaßen hart, dass die Maschine wieder steil in den Himmel schießt, fünfzig, sechzig Meter hoch, die Schnauze der Cessna zeigt steil in den Abendhimmel, die Bewegung wird langsamer und langsamer, dann steht das Flugzeug für zwei, drei, vier Sekunden reglos in der Luft, sackt dann hinterrücks nach unten. Gloria hat wieder mit ihrem schrillen Schreien begonnen, ich merke, dass auch ich schreie, die Maschine kommt kurz vor dem Aufprall, wie durch ein Wunder, mit den Schwimmern aufs Wasser auf, vollführt einige mächtige Kapriolen, verliert nicht an Fahrt, wohl deshalb, weil der Pilot das Gas nicht wegnimmt, wir rasen auf das Ufer, auf das dichte Unterholz zu, dann ein Aufheulen des Motors, ein Krachen, ein Knirschen, ein Rauschen, dann schlagartig Dunkel, Stille. –

Diesmal schreit auch Gloria nicht mehr. Ich denke: »Jetzt bist du tot!« Und ich spüre so etwas wie eine Enttäuschung, weil alles schmerzlos verlaufen ist und das oft erwähnte unglaublich helle Licht des Endes nicht aufleuchtete. Es ist Nacht, tiefes Schwarz um mich herum. Plötzlich merke ich, wie sich neben mir der Pilot bewegt. Wir leben also noch! Ich höre, wie er den Sitzgurt löst und versucht, die Seitenluke zu öffnen, was ihm nicht gelingt. Auch ich beginne auf meiner Seite nach dem Türgriff zu tasten. Wenn wir tatsächlich lebten, konnte das Flugzeug jeden Augenblick explodieren. Ich kann allmählich den

Schatten des Indios neben mir erkennen. Ich sehe und höre, wie er gegen die Seitentür tritt, die endlich nachgibt.

Goldenes Abendlicht fließt in die Kabine. Der Pilot steigt durch die Seitentür aus und beginnt eine grüne, klein gehäckselte Masse von den Scheiben zu räumen, und langsam begreife ich: Der Propeller der Cessna hatte wie ein Rasenmäher die Blätter der Büsche zerkleinert, die als meterdicke Schicht den ganzen Vorderteil der Maschine einhüllen. Daher also die Dunkelheit in der Kabine. Ich klettere hinaus und sehe weiter oben am Ufer eine Reihe von Indianern stehen, die bewegungslos zu uns herunterschauen. Es sind nur wenige Schritte bis zum Camisea, der tatsächlich glatt und ruhig wie ein See daliegt, während hinter uns der Urubamba vorübergurgelt.

Einige junge Indianer kommen und versuchen vergeblich, das Flugzeug aus dem Dickicht zu ziehen. Ich frage sie nach dem Camp. Einer von ihnen spricht etwas Spanisch und sagt, man würde das Camp benachrichtigen. Wir steigen in einen langen Einbaum. Es ist fast schlagartig dunkel geworden. Der Motor des Peque-Peque knattert ohrenbetäubend auf, und los geht die Fahrt. Ich hatte gedacht, das Lager sei ein paar Minuten flussaufwärts, aber wir fahren fast eine halbe Stunde in völliger Dunkelheit und in einem unwahrscheinlichen Tempo den Camisea hinauf. Einer der Indios hat eine Taschenlampe, die er ab und zu einschaltet, um uns ein paar aufgeschreckte Alligatoren zu zeigen. Plötzlich taucht wie eine Fata Morgana vor uns die hell beleuchtete »Molly Aida 2« auf, die genaue Kopie des Originals.

Kurz darauf landen wir im Camp der Indios. Noch wusste ich nicht, dass es zwei Lager gab, eines für das weiße

Team und ein zweites für die Indios. Ich frage nach Walter Saxer. Der sei im oberen Camp, sagt man mir. Ich verlange, ihn übers Feldtelefon zu sprechen. Er begrüßt mich lakonisch und sagt, er werde gleich kommen. Dann führt man mich zur winzigen Radiostation, und ich berichte Herzogs Bruder Lucki in Sebahue von unserem Abenteuer. Alle sind wohl sehr erleichtert, dass wir nach über drei Stunden ein Lebenszeichen geben, sie hatten schon das Schlimmste befürchtet. Man gibt uns zu essen, ich trinke ein Bier und dünnen Kaffee. Endlich bringt mich Cesar (Anthropologe und Filmemacher), der das Camp gebaut hatte, ins andere Lager.

Walter Saxer empfängt mich äußerst lässig, ich bin patschnass in meinem Amihemd. Er leiht mir ein Fitzcarraldo-Hemd, Zahnbürste und Zahnpasta, da ich all mein Gepäck in Sebahue zurückgelassen habe. Er wusste inzwischen so ungefähr, was passiert war, und kritisierte Herzog sehr heftig. Er wirft ihm vor, dass er nicht wie verabredet als Erster geflogen sei. Er erzählt von seiner Arbeit, seinem Verdienst, seinen Opfern, während er mir stolz das ganze Camp zeigt. Der Lagerkomplex ist sehr schön angelegt. Das Indianercamp hatte ich nicht sehen können, da es drüben kein Licht gab.

Gegen 23:30 ziehe ich mich in meinen Bungalow zurück, der zwischen dem von Jason und von Mick steht. Das Wasser im Bungalow läuft noch nicht. Ich schlafe unter einem Moskitonetz, werde öfters wach von dem lauten Geschrei der Vögel und Affen drinnen im undurchdringlichen Dschungel, schlafe im Ganzen aber recht gut. Fast die ganze Nacht hindurch regnet es ziemlich stark.

Am nächsten Morgen, 7:20, kommt Herzog zu mir. Ich war schon auf, denn ich wollte bei Saxer darauf drängen, dem amerikanischen Piloten die versprochenen zwei Kanister Sprit zu bringen. Herzog war gestern Abend um 18 Uhr in Sebahue mit einem Speedboat losgefahren und nachts um 2 Uhr in Camisea angekommen. Seine Freundin Dialta und Henning, der Architekt, waren mit ihm gefahren. Wir trinken Kaffee. Herzog erzählt mir von den Schwierigkeiten, die er mit Walter Saxer hat, und Dialta sagt mir wenig später, dass Walter heute wegen Veruntreuung entlassen werden soll. Ich sehe mit Herzog zusammen jetzt zum ersten Mal das Camp bei Tageslicht. Ich hatte nachts nicht sehen können, dass die ganzen Holzhütten ziemlich dicht am Camisea stehen, meine etwas erhöht etwa 25 m vom Ufer entfernt. Jasons Bungalow ist sehr hübsch, aber ich kann mich auch über meinen nicht beklagen.

Ich suche Walter Saxer und finde ihn seelenruhig vor seiner Hütte sitzen. Es ist bereits 8:50 Uhr, und ich dränge darauf, dem Ami das geliehene Benzin zu bringen, das ich für spätestens 10 Uhr versprochen hatte. Saxer wollte mit dem Flugzeug zurück nach Sebahue, jetzt wartet er auf ein Boot, das ihn zum Flugzeug bringen soll, das der Pilot nach der gestrigen Fast-Crash-Landung wieder flottzumachen versucht. Ich gehe wieder zu Herzog, der offensichtlich vermeidet, in Saxers Nähe zu kommen, und sage ihm, ich sei sauer darüber, dass man das Wort, das ich dem Amerikaner gegeben hatte, so auf die leichte Schulter nehme. Ohne dessen Benzin säßen wir ja jetzt noch da drüben, und er hätte gar kein Flugzeug, von mir ganz zu schweigen. Herzog sagt, er müsse mich übrigens bitten, von dem Katastrophenflug niemandem zu erzählen, denn sonst würden auch andere außer Jason kein solches Wasserflugzeug mehr besteigen. Ich erwidere sehr bestimmt, dass ich auf jeden Fall allen davon erzählen würde, denn ich würde meinem schlimmsten Feind nicht wünschen, eine solche Erfahrung zu machen, wie ich sie gemacht hatte. Mit einem vagen Versprechen, dass er sich um das Benzin kümmern wolle, steigt Herzog mit den anderen in ein Boot und entschwindet.

So bin ich mit Gloria allein, die sich in einem wunderschönen zweistöckigen Haus am Fluss eingerichtet hat. Gloria, die sich von dem gestrigen Schock etwas erholt hat, erzählt mir, dass sie nicht mitbekommen habe, dass Jason und Mick schon einen misslungenen Start hinter sich hatten, denn hätte sie es gewusst, wäre sie nie und nimmer zu mir in das Flugzeug gestiegen, sie wolle doch kein Versuchskaninchen sein! Die Einzigen, die hier ankamen, waren einige Techniker, die gestern ein Boot genommen hatten.

Ich mache Fotos, organisiere zwischendurch bei Mario, dem Vorarbeiter des Bautrupps, der mich wegen der Namensgleichheit als »tocayo« (süd- und mittelamerikanisch für Namensvetter) begrüßt, zwei Kopfkissen, eine Hängematte und Decken. Es ist hier nicht sehr warm, es regnet häufig, aber nicht stark. Es muss jedoch eine hundertprozentige Luftfeuchtigkeit herrschen, denn mein Amihemd ist noch genauso nass wie gestern. Die Feuchtigkeit könnte das große Problem werden. Jetzt schon funktioniert mein Kassettenrekorder nicht mehr. Das Bett ist nur einen Meter breit, eine feuchte Schaummatratze über vier Latten gelegt. Vielleicht kann ich über Mario noch ein breiteres Bett und eine richtige Matratze organisieren.

Viel, viel Regen, für zehn Minuten kommt die Sonne durch, zu wenig, um die nassen Sachen zu trocknen, im Gegenteil, ich hatte Hemd, Unterhemd und Hose zum Trocknen auf eine Leine gehängt, kurz darauf ein Regenguss, der übrigens, wie ich später erfuhr, das einzige Flugzeug, das von Sebahue her gestartet war, umkehren ließ. So kam auch Mick nicht an, so dass er und Jason schon die zweite Nacht in Sebahue verbringen. Walter Saxer hat heute die Produktion verlassen. Herzog war zurückgekehrt und hielt abends im »Restaurant« eine Abschiedsrede in Abwesenheit Saxers, die so verlogen wie eine Leichenrede klang. Er hatte mir vorher erzählt, dass Walter einige krumme Dinger gedreht hatte, z. B. das Schiff, die »Molly Aida«, Wert etwa 400.000 $, war nach Herzogs Meinung Eigentum der Wildlife-Films, da Herzog als Ausländer laut Saxer kein Eigentum in Peru erwerben durfte. Lucki, Herzogs Bruder, aber fand heraus, dass es auf den Namen Saxer eingetragen war, dessen Frau Peruanerin ist.

Mario, mein »tocayo«, hat mir ein breiteres Bett versprochen. Er will auch die Hängematte befestigen und mir eine Bank und einen Tisch für die große Veranda besorgen. Ich habe am Klo hantiert, der Überlauf war zu hoch eingestellt, so dass es ständig tropfte und ich noch nasser wurde, wenn ich auf die Kloschüssel musste. Die Wärme ist in der Nacht gerade angenehm, ich sitze auf dem Bett bei Kerzenschein, eine Anti-Insektenspirale scheint nicht besonders zu wirken, die größeren Viecher lassen sich nicht abschrecken. Gestern, als ich aufwachte, saß keine zehn Zentimeter über mir ein Riesenexemplar von Heuschrecke auf dem Moskitonetz. Im ersten Augenblick erschrak ich, denn auf Anhieb erschien sie mir einen halben Meter lang. Dann erkannte ich, dass es ein sehr schönes Exemplar war, etwa zehn Zentimeter lang mit feinen, giftgrünen Flügeln. Sie hüpfte oder flog nicht einmal davon, als ich aus dem Bett stieg, um meinen Fotoapparat zu holen, aber dann war sie plötzlich verschwunden, und ich habe sie nie wieder gesehen.

Morgen sollen endlich Jason und Mick ankommen. Natürlich kann auch Donnerstag nicht gedreht werden, da das Material noch nicht da ist. So stellte sich im Nachhinein heraus, dass Jason völlig Recht hatte, als er in Iquítos vor dem Abflug sagte, dass es völlig genügt hätte und auch vernünftig gewesen wäre, wenn die Schauspieler gut und gerne drei, vier Tage später in den Dschungel geflogen wären, weil das ganze schwere Material nicht mit den für die Personen vorgesehenen kleinen Wasserflugzeugen, sondern mit Booten transportiert werden musste, was entsprechend länger dauerte. Aber Herzog wollte eben immer alle und alles zusammen haben, selbst wenn, oder gerade weil es gefährlich war.

Nur ein Teil meines Gepäcks ist inzwischen angekommen, doch gerade die kleine braune Tasche mit Medikamenten, Taschenlampe, Insekten-Repellents war nicht dabei. Tatsächlich ist das größte Problem die Feuchtigkeit. Man spürt sie in allen Gelenken, auch setzt sich ein Schnupfen fest. Ich frage mich, wie man alle Sachen, besonders die Filmkostüme, trockenkriegen will, denn ich erfahre, dass man kein Bügeleisen mitgenommen hat.

Ich schlage vor, ab und zu ein Feuer anzuzünden. Herzog kündigte bei einer seiner Reden statt Nachtisch an, dass er das Camp auf den Namen »Cesar's Lodge« getauft habe. Kein Wort darüber, dass es meine Idee war.

Donnerstag, 29. 1. 81

Heute ist der dritte Tag im Camp, und noch immer sind nicht alle angekommen. Um 13:20 kam Mick. Er war mit dem gleichen Piloten wie ich geflogen, jedoch mit einem Lotsen. Trotzdem fand er den Flug »rather frightening«. Herzog hatte Mick aufgefordert, Jason über Funk zu überreden, das Flugzeug zu nehmen, was Mick kategorisch ablehnte. Jason zog jedenfalls vor, mit dem Boot zu fahren.

Mein Bungalow ist recht ansehnlich geworden, man hat mir einen Tisch für die Veranda gezimmert, dazu zwei Bänke, das alles ziemlich wacklig auf dem Bambusrindenboden. Auch Mick hat seinen Bungalow bezogen. Er erzählte mir, dass er gestern zweimal mit dem Wasserflugzeug gestartet war, das wegen des Regens wieder umkehren musste. Wäre ihm bekannt gewesen, was mir passiert war, hätte er das Flugzeug auf keinen Fall genommen. Herzog und auch Lucki hatten ihm natürlich nichts gesagt.

Das Essen im Camp ist nicht sehr üppig. Herzog hat nicht für reichliches und gutes Essen gesorgt. Es sei nicht leicht, wenn nicht unmöglich, alle Lebensmittel von Lima einzufliegen, und in einem näheren Ort, wie Pucallpa zum Beispiel, sei das Angebot eben sehr begrenzt. Ich habe allerdings den Verdacht, dass die Lebensmittelknappheit gewollt ist und zu Herzogs Überlebenstraining gehört. Mir war in Iquítos aufgefallen, dass er zu den armen Menschen gehört, die kein Vergnügen am Essen finden, sondern sich nur ernähren. Es gibt hier also fast nur Sachen aus Konservendosen. Keinen Fisch und kein Fleisch. Als einige von uns beim Mittagessen zu meutern beginnen, sagt Herzog, der Camisea sei doch voller großer und guter Fische. Die Indianer könnten uns mit Pfeil und Bogen so viele Fische schießen, wie wir wollten. Das sollte sich jedoch als unmöglich herausstellen. Die Indianer sind in der Tat sehr gute Fischjäger, doch dazu muss das Wasser klar sein, und da es in den vergangenen Tagen fast unablässig geregnet hatte, war in dem lehmgelben Wasser kein Fisch auszumachen. Einige unserer Techniker versuchten Fische zu angeln, aber die großen Paiches bissen selbst die dicksten Nylonschnüre durch, und aus den Fischen wurde also nichts.

Dann hatte Herzog noch gesagt, wenn wir Hühner essen wollten, brauchten wir nur ins Indiolager zu gehen, um ein paar Hühner zu kaufen. Wir waren so blöde und hungrig, dass ein kleiner Trupp von uns am nächsten Morgen ins Indianerlager pilgerte. Da war auch tatsächlich ein großes Geflügelgehege mit schmutzigbraunen Hühnern, die aussahen, als hätte man sie schon mal gerupft. Ich guckte mir ein noch relativ farbiges Hähnchen aus und wollte es mir von dem Indianer aus dem Käfig holen lassen. Ich ließ es nicht aus den Augen, damit es mir kein anderer vor der Nase wegschnappte. Doch auf einmal bemerkte ich, wie mein kleiner Hahn zu schwanken begann, wie betrunken von einem Bein aufs andere torkelte und plötzlich umkippte und nach ein paar Zuckungen mit verkrampften Krallen auf dem Rücken liegen blieb. Ich sah mich um mein Abendessen gebracht und schaute erstaunt unseren »Doc« Claude an, der neben mir am Zaun stand und fachmännisch diagnostizierte: »Hühnerpest!« Uns allen war auf einmal der Appetit auf Hühnerfleisch vergangen. Mit leeren Händen und knurrenden Mägen zuckelten wir zu unserem Lager zurück.

Dienstag, 3.2.81

Nachts hat es so viel geregnet, dass das Schiff wieder größere Strecken fahren konnte. Wir drehten einige Szenen auf dem Deck der »Molly Aida 2«. Während einer Szene zwischen Jason und mir geriet das Schiff mit ziemlicher Fahrt in eine Flussenge mit hohen Felsen zu beiden Seiten. Plötzlich gab es Geschrei, lautes Rasseln der Schiffsmotoren, Gerenne an Deck. Wir bekamen mit, dass das Schiff gefährlich nahe auf die Felswand zuschwenkte, aber weder Jason noch ich unterbrachen die Szene. Da nahm Herzog die laufende Kamera vor unserer Nase weg und sagte:

»I must stage an exciting accident!« (Ich muss einen aufregenden Unfall inszenieren!), wobei er zusammen mit dem Kameramann Mauch zu der Schiffseite lief, die an den Uferfelsen zu schlagen drohte, um dort das eventuelle Unheil zu filmen. Daran ist nicht etwa bemerkenswert, dass ein Unfall eine echte Katastrophe hätte auslösen können, was Gott sei Dank um Haaresbreite vermieden wurde, sondern dass Herzog mal wieder für sich in Anspruch genommen hätte, die gefährliche Szene »inszeniert« zu haben. Als die Gefahr vorüber war, sahen Jason und ich uns ungläubig an, und Jason sagte mit seinem trockenen Humor: »He would have ›staged‹ our fuckin' death!« (Er würde unsern verdammten Tod ›inszeniert‹ haben!)

Gestern nachmittag ist ein junger Indio vor dem Indianercamp ertrunken. Die erste Version des Unfallberichts war, dass Lucki, der Dialta und Micks Sekretär Alan Dunn zum Flugzeug brachte, mit seinem Speedboat das kleine Boot des Indianers zum Kentern brachte. Da der Indio angeblich nicht schwimmen konnte, sei er leider ertrunken. Dann wurde erzählt, dass es Herzog selbst gewesen war, der kaum eine halbe Minute nach dem Kentern des Indianerboots mit seinem Speedboat über den Ertrinkenden hinweggedonnert war, was den Armen endgültig in die ewigen Jagdgründe geschickt haben musste. Nach dem Essen erzählte Herzog in seiner obligaten Tischrede, diesmal mit Trauerrand, dass ihm mitgeteilt worden sei, dass der Ertrunkene (!) sich am Morgen von seiner Frau feierlich verabschiedet und ihr einige Dinge übergeben habe, die er nicht mehr brauchte, so dass man von einer Todesahnung oder gar von einem Selbstmord sprechen könne.

9.2.81

Eine Woche ist vergangen. Das feuchte Klima geht jetzt fast allen an die Nieren oder die Kniegelenke. Mick und ich pusten um die Wette eitrigen Schleim aus unseren Nebenhöhlen, Jason hat sichtbar abgenommen und nimmt nach meiner Meinung zu wenig Flüssigkeit zu sich. Mick hat mir erzählt, dass Jason jahrelang Alkoholiker war, das erklärt, warum er älter wirkt und für seine 58 Jahre nicht besonders fit ist.

Meine Sachen im Schrank sind alle feucht, und als ich vor einigen Tagen meinen Trenchcoat herausnehmen wollte, war aus dem Innenfutter ein dicker Pelz aus gelblichem Schimmel geworden. Die gleiche Schimmelschicht im Hut.

Der schlimmste Augenblick des Tages ist es, morgens in die nassen Klamotten zu steigen, da es keine zweite Kapitänsuniform gibt. Als ich mich darüber beschwerte, sagte Herzog lakonisch, nach zehn Minuten seien die Kleider doch sowieso wieder nass. Er hat gut reden. Er kann jeden Morgen andere frische und relativ trockene Kleider anziehen.

Die Stimmung ist nicht besonders. Alle möchten hier raus. Jason und ich haben auf die Melodie von »Oh, bongo, bongo bongo, I don't want to leave the Congo« gedichtet:

Oh, bongo, bongo bongo
I don't want to pass the Pongo
Oh, no no no no no!
Bingle, bangle bungle
I'm not happy in the jungle,
Herzog, stop the show…

Wir singen den Song während der Drehpausen, und er wird so etwas wie die Filmhymne.

Am Donnerstag war überraschend drehfrei, und das sozusagen mitten in der Woche. Der Hinauswurf Saxers stellte sich für Herzog als Pyrrhussieg heraus, denn in der Tat gehörten das gesamte Material und vor allem die beiden Schiffe Herrn Saxers Frau, und Herzog hätte das alles verloren. So blieb ihm schließlich nichts anderes übrig, als zu Kreuze zu kriechen und Saxer in einem hochnotpeinlichen Canossagang um Verzeihung zu bitten. Zuerst sollte das Treffen in Iquítos stattfinden, aber dann kamen die Parteien überein, sich auf halbem Wege in Pucallpa zu treffen.

Herzog hatte eine Liste mitgenommen, auf der die Unterschriften der meisten Peruaner im Team und besonders vieler Indianer aus dem anderen Camp standen, von denen fast alle mit Daumenabdrücken gezeichnet hatten. Sie alle baten Saxer in dem von Herzog verfassten Text, sozusagen auf den Knien, zurückzukommen, um seinen Platz in der Produktion wieder einzunehmen. So sollte Saxer weich gemacht werden, was ja offensichtlich auch klappte, denn Freitag flogen beide einträchtig von Sebahue herüber.

Samstag und Sonntag Nachtdreh. Szene auf dem Schiff. Die Kampa-Indianer drehten mit erstaunlicher Disziplin.

In den letzten Tagen habe ich ein komplettes Set von Schachfiguren geschnitzt, gestern noch fünf Würfel zum Yan-Spielen. Meine geschnitzten Schachfiguren inspirierten Herzog, den Kapitän Jaime statt bei der Fußpflege beim Schachfigurenschnitzen zu zeigen, was ja auch besser ist, da man auf diese Weise die Fast-Blindheit Jaimes zeigen kann, was beim Fußnägelschneiden sicher nicht so augenfällig wäre.

Übermorgen soll nun die Szene auf der Baumplattform gedreht werden. Herzog zeigte mir den etwa dreißig

Meter hohen Urwaldriesen. Die indianischen Arbeiter haben eine sehr solide Leiter gebaut, ohne Nägel, alles mit Lianenbindungen. Oben, wenige Meter vom Gipfel, gab es eine etwa viermal vier Meter große Plattform. Zum Aufstieg sicherte mich Herzog mit einem Seil, und wir beide kletterten nach oben. Stolz zeigte er mir die beiden Flüsse, die man zu beiden Seiten vom Baum herab sehen konnte. Einer der Hauptgründe, diese Szene hier zu drehen, war, dass die beiden Flüsse sich in der Farbe des Wassers unterschieden. Damit wollte Herzog klarmachen, warum das Schiff Fitzcarraldos von dem einen, im Unterlauf unschiffbaren Fluss zum anderen schiffbaren über den die beiden Flüsse trennenden Berg gezogen werden musste. Wahrlich eine herkulische Kraftanstrengung. Mit Hilfe von 5000 Indianern (drunter tut's Herzog offenbar nicht!) sollte die 300 Tonnen schwere »Molly Aida 2« mit Flaschenzügen über den Berg gehievt werden.

Dieses Unternehmen stellte Herzog dar als eine einmalige spannende Großtat, die Filmgeschichte schreiben würde. Ich fragte ihn, was denn auf der Leinwand später daran spannend sein könne, wenn das Schiff sich mit etwa zehn Zentimetern in der Stunde vorwärts bewegte. So etwas würde normalerweise mit Modellen dargestellt. Klar, genau das Normale wollte er natürlich nicht. Ich machte Herzog darauf aufmerksam, dass man von hier oben den Farbunterschied der beiden Flüsse doch gar nicht erkennen könne. Man hätte diese schwierige Szene dann genauso gut ein paar Kilometer von Iquítos, an einem Mäander des Amazonas, drehen können, und er hätte Hunderttausende von Dollars sparen können. Ich gebe zu, dass ich ein kleines Vergnügen daran empfand, Herzog mit der Nase auf solche Ungereimtheiten zu stoßen. Ich glaube, er hätte mich am liebsten vom Baum hinuntergestoßen, aber er brauchte mich ja noch.

Später verkündete Herzog vor versammelter Mannschaft, dass am nächsten Tag die Baumbesteigung gedreht würde. Jason, Mick, ich, Miguel-Angel Fuentes, unser mexikanischer Riese und Martinez würden diesen majestätischen Baum besteigen, um oben eine Szene auf der Plattform zu drehen. Hier meldete sich Jason zu Wort. In bestimmtem Ton stellte er fest, dass er auf keinen Fall diesen Baum besteigen werde. Herzog verwies auf Jasons Vertrag, in dem stand, dass er die Risiken des Urwalddrehs kenne, und er verlange die Baumbesteigung, und wenn er dafür einen Aufzug auf den Baum bauen müsse. Jetzt verlor Jason alle Höflichkeit. Er nannte ihn ein Nazi-Arschloch und machte ihn darauf aufmerksam, dass er, Jason, in seiner langen Karriere unzählige im Drehbuch als riskant geschilderte Szenen gedreht habe, dass er schon viele Tode in Filmen gestorben sei, er sei erschossen, gehängt, erwürgt, gevierteilt und erschlagen worden, ohne dass ihm jemals ein Haar gekrümmt worden sei. Wenn Herzog mit ihm diese Szene drehen wolle, dann könne er das auf die gleiche Art wie in anderen Filmen üblich tun, indem er die Plattform hier unten in fünf Meter Höhe bauen ließe, dort die Szene drehen und nachher in den echten Baumwipfel »hineinschneiden« könne. So würde das gemacht, und nicht anders, oder – überhaupt nicht. Damit drehte sich Jason um und stapfte davon.

Herzog war blass geworden. »Er ist zu feige, er hat einfach Angst!« murmelte er. Ich gratulierte ihm zu seinem diplomatischen Geschick. Er schaute mich verständnislos an. Ich sagte ihm, wenn er Jason den Baum gezeigt hätte wie mir gestern, so dass er hätte sehen können, wie einfach es sei, hinaufzusteigen, dann hätte er eine Chance gehabt, Jason zu überzeugen. Es ihm aber vor allen Leuten abzuverlangen, sei sehr undiplomatisch und ungeschickt gewesen.

Am späten Nachmittag saß ich auf meiner Terrasse und schaute zu Jasons Bungalow hinüber. Jason saß auf einem Stuhl auf seiner Veranda und las in einem Buch. Ich überlegte gerade, ob ich zu ihm hingehen und mit ihm reden sollte, als ich plötzlich sah, wie Jason das Buch aus der Hand fiel, er etwas hin- und herschwankte und mitsamt dem Stuhl seitlich umkippte. Ich lief zu ihm hin, er war nicht bewusstlos. Er murmelte, es sei ihm wohl schwindlig im Kopf geworden. Ich ging zu Saxer und berichtete ihm von Jasons Unwohlsein.

Am nächsten Morgen hieß es, dass Jason abreisen würde. Für Mittag großes Treffen angekündigt. Mal sehen, wie es weitergeht.

Wie angesagt, stieg nach dem Essen Herzogs Ansprache in allgemein gespannter Stimmung. Wenn er so anhebt, muss man wirklich an Hitler denken: »Ich habe mich entschlossen, in Anbetracht seines Gesundheitszustands, Jason Robards nach den USA zu schicken.« Wir würden morgen, am 10.2., noch mit dem Hubschrauber die Szene auf der Plattform drehen, dabei würde Jason von Jounod gedoubelt. Danach würde man sieben bis zehn Tage Pause einlegen. Wiederaufnahme der Dreharbeiten bei Cuzco, und zwar die Szene, in der Fitzcarraldo, Wilbur und Don Agulino den Pongo betrachten.

Dann fügte Herzog ein »tröstliches Nachwort« an: Die Geschichte mit dem ertrunkenen Indianer habe ein rührendes Ende gefunden. Heute Morgen habe der Bruder des Verunglückten die Witwe geheiratet, und so sei ja alles wieder in Ordnung!

Herzog und Thomas Mauch drehten wenig später im Flugzeug einige Runden um den berühmten Baum, bald danach entführte die gleiche Maschine Jason Robards in die Lüfte. Vielleicht auf Nimmerwiedersehen?

Am nächsten Morgen stehe ich auf und gehe ins Restaurant zum Frühstück. Wenig später, auf dem Weg zum Boot, gehe ich bei Micks Hütte vorbei. »Mick!« rufe ich. Keine Antwort. Ich rufe noch mal: »Mick, come on, es geht los, auf den Baum!« Da öffnet sich die Tür seines Bungalows, und eine bedrückte, sehr blasse Jerry Hall kommt heraus und sagt leise: »Mick – is sick! He's got fever.« Ich nicke ihr etwas zu wie »Gute Besserung!« und gehe zum Ufer, wo die ganze Mannschaft schon im Peque-peque sitzt. »Wo ist Mick?« fragt Herzog. Ich imitiere Jerry: »Mick – is sick! Er hat Fieber« – »Was heißt das, sick, Fieber?« schreit er, »er hat Angst, einfach Schiß, auf den Baum zu steigen, weiter nichts!« Ich sage: »Mag sein, aber Angst ist auch eine Krankheit. Wenn du Angst hast, dann hast du keine Kraft, dann kannst du keine Leiter hinaufsteigen, weil du dich nicht festhalten kannst. Dann bist du eben krank.« Ich stieg in das Boot. Zu mir selbst sagte ich: ›Fieber oder Angst, was auch immer. Aber vielleicht sagt er sich auch: Wenn Jason nicht da ist und gedoubelt wird, warum soll ich die Anstrengung machen?‹ Herzog fluchte, dann gab er den Befehl loszufahren, und er schimpfte: »Dieser Feigling, dieser Angsthase! Dann werde ich ihn eben auch doubeln lassen.«

Wir fahren mit dem Boot bis zu der Stelle, an der das Schiff über den Berg gezogen werden soll. Dann geht es im Gänsemarsch einen steilen Pfad hoch zum Baum. Als erster muss Miguel-Angel Fuentes hinauf. Wenn die Lianenleiter sein Gewicht aushält, gibt's für die anderen nichts zu fürchten. Ihm folgen Herzog, Jounod, dann ich. Der Aufstieg ist einfach; ungewohnt und anfangs unangenehm das Schwanken des Urwaldriesen. Danach kommt angeseilt Resortes herauf, dann Silvia, Jounods Freundin, die ich als Mick Jaggers Double vorgeschlagen habe, da sie Micks knabenhafte Figur hat. Günstig auch, dass Mick in der vorangegangenen Szene den Kopf mit einem großen Blatt gegen den Regen geschützt hatte. Damit konnte Silvia ihren roten Schopf verbergen. Herzog gab uns letzte Angaben über die zu spielende Szene und stieg wieder hinunter, um am Flugplatz von Camisea den Hubschrauber zu nehmen, von dem aus die Szene im Baumwipfel gedreht werden sollte.

Wir fünf Schauspieler und Doubles warteten inzwischen auf der Plattform ganz oben im Baum. Keiner von uns hatte an Insektenschutzmittel gedacht, so dass wir von Tausenden von Viechern aller Art beinah aufgefressen wurden. Wir warteten und warteten auf den Hubschrauber mit Herzog und Mauch.

Was wir nicht wussten, war, dass in der vergangenen Nacht zwischen Peru und dem benachbarten Ecuador

Krieg ausgebrochen war. Der versprochene Hubschrauber der Armee war also gar nicht erst gekommen, sondern zum militärischen Einsatz abkommandiert worden. So vergingen zwei Stunden. Ich hatte ein kleines Stück des schwarzen, sehr harten Holzes mitgenommen, das von meinem Brieföffner übrig geblieben war, und vertrieb mir die Zeit mit Schnitzen. Endlich Motorbrummen. Aber es war nicht der von uns erwartete Hubschrauber, sondern eines unserer einmotorigen Wasserflugzeuge. Thomas Mauch, der Kameramann, hing angeseilt aus der Seitenluke und versuchte, so nah wie möglich an den Baum, auf dem wir saßen, heranzuzoomen. Das wäre mit dem Hubschrauber ein Leichtes gewesen, aber mit diesem Fluggerät schlechthin unmöglich. Drei-, vier-, fünfmal versuchte der Pilot die Annäherung, aber es war nichts zu machen.

Ich hatte verstanden, was Herzog mit der Baumwipfelszene wollte. Er hatte seinerzeit in der Filmwelt mit der Floßgeschichte in »Aguirre« Aufsehen erregt. Ich erinnere mich der Szene. Man sieht einen reißenden Fluss (war es der Urubamba?). In der Entfernung schwimmt ein Floß heran. Der Zuschauer erwartet förmlich, dass es an den Uferfelsen zerschellt, und fragt sich, ob sich auf dem Floß überhaupt Menschen halten können, dann sieht man tatsächlich sich bewegende Gestalten, man bewundert die waghalsigen Stuntmen, die da ihr Leben riskieren. Während dieser Beobachtung nähert sich der Blick der Kamera langsam und stetig dem Floß. Wie konnte man so eine gefährliche Szene überhaupt drehen, fragt sich der Zuschauer. Doch dann, und hier wird es beklemmend und erstaunlich: Die Männer auf dem Floß sind die Schauspieler! Man erkennt Kinski, den dicken Peter

Berling! Atemberaubend! Die Szene wurde ein allgemein bewundertes Stück neuer deutscher Filmgeschichte. Der Film ist hier nicht mehr die Kunst des Vorgebens, des Glaubenmachens. Herzog schreckt nicht davor zurück, seine Mitarbeiter in wirklich gefährliche Situationen zu treiben, ja sogar Menschenleben zu riskieren.

Hier sollte nun wieder solch ein Effekt wie der mit dem Floß in »Aguirre« erzielt werden, ungleich ungefährlicher, aber man sollte den Baum, diesen Urwaldriesen, von weitem sehen, seine majestätische Größe bewundern, während die Kamera an Bord des Hubschraubers sich langsam dem Wipfel des Baumes nähert. Dann soll man sich fragen, sind in der luftigen Höhe tatsächlich Menschen am Werk? Aber ja, man soll dann erkennen: das sind ja die Schauspieler, der Robards, der Jagger, der Adorf! Dieser Effekt ist, wie bei der Floßfahrt, nur möglich, wenn in der Szene kein Schnitt erfolgt, denn dann, das weiß inzwischen jeder Filmzuschauer, könnten Bilder ausgetauscht werden, die Gesichter der Schauspieler im Nachhinein eingefügt werden (so hatte es Jason Robards ja auch verlangt), und der ganze aufregende Thrill, die echte Angst, die realistische Spannung und damit die Bewunderung für die filmische Tat des Werner Herzog wären verpufft, zunichte gemacht durch einen banalen Schnitt.

Dies alles ging mir durch den Kopf während des sinnlosen Versuchs, diesen Herzog-Effekt zu erzielen. Man gab schließlich auf, und die Maschine flog, zum Abschied mit den Flügeln wackelnd, davon.

Wir stiegen ab, froh, der Insektenhölle zu entrinnen. Resortes und Silvia wieder mit Seil gesichert, ich als Vorletzter. Einziger kleiner Zwischenfall: Der hinter mir herunterkletternde Jounod wollte Jasons Hut loswerden. Er wollte ihn hinunterwerfen, aber er hätte sich in den Zweigen verfangen können und wäre dann vielleicht nicht mehr in Reichweite gewesen. Man musste ihn irgendwie beschweren, aber womit. Ich hatte nur mein Schweizermesser (zu schade), und so gab ich ihm das Stück Ebenholz, an dem ich herumgeschnitzt hatte. Der Hut segelte brav hinunter, aber etwa 5 m über dem Boden kippte er, das Stück Holz fiel heraus und traf Miguel-Angel, der gerade hochschaute, am rechten Backenknochen. Er blutete etwas, ich entschuldigte mich, aber ganz echt war meine Zerknirschung nicht. Der Riese war mir beim Fußmarsch zum Baum nicht zum ersten Mal auf die Nerven gegangen. Er hatte nur seine kleine Kamera umhängen, während sich vor ihm Sara, die Garderobiere, mit der schweren Tasche mit den Kostümen abschleppte, die ich schließlich zu meiner Tasche hinzunahm; weniger aus Mitleid mit Sara, sondern als Lektion für Miguel-Angel gedacht, aber der war wieder einmal völlig unsensibel.

Als wir zum Camp zurückkamen, war Mick mit Jerry dabei, sein Gepäck in ein Speedboat zu laden. Auf meine erstaunte Frage hin sagte er mir, er würde auf keinen Fall hier auf Jasons Rückkehr warten. Das täte er lieber in Lima, und daher wolle er um 4 Uhr das Flugzeug in Camisea erwischen und keine Minute verlieren.

»Dann komme ich mit«, sagte ich spontan. »Gut«, sagte er, »aber ich werde nicht auf dich warten, falls du noch packen willst; dann komme ich heute nicht mehr nach Lima, oder wenigstens Pucallpa.« Ich überlegte nur eine Sekunde, dann sprang ich ins Boot und sagte: »Von mir aus kann's losgehen.«

Eine Stunde später reibungsloser Start mit dem Wasserflugzeug, allerdings mit einem anderen Piloten. Der hatte zwar, wie er uns erzählte, mit einem Landflugzeug auf der Lehmlandebahn am Camisea eine Bruchlandung gemacht, weil die Indios auf der Piste ohne Vorwarnung zwei Fußballtore aufgestellt hatten, in die er hineinkrachte. Schlimmer war allerdings die Landung eines Kollegen verlaufen, als der bei der Landung auf der gleichen Piste in einen plötzlich aufgetauchten Esel hineinflog. Hinter mir in der Maschine saßen Jerry und Mick, die kein Wort wechselten. Micks Gesicht war geschwollen, und sein Schnupfen war schlimm geworden.

In Atalaya Zwischenlandung zum Tanken. Der Flugplatz dort bestand außer der Lehmpiste aus vier Petroleumfässern und einer kleinen Kühltruhe, aus der wir uns eine Dose Bier genehmigten. Und schon ging es weiter nach Pucallpa. Um 18:30 sollte von dort eine Aeroperu-Maschine nach Lima starten, die wie gewöhnlich verspätet ankam, aber wir waren froh, dass sie überhaupt noch auftauchte, so dass wir um 21:30 in Lima landeten.

18.2.81

Mit Mick Jagger im Hotel. Heute, Mittwoch, soll Herzog kommen. Er will mit uns sprechen. Er wird nach New York fliegen, nachdem es geheißen hat, dass Jason nicht mehr zurückkommen wird. In N.Y. will Herzog mit den Versicherungsleuten verhandeln und vielleicht auch mit Jason, mit dem bisher niemand gesprochen hat. Großes Fragezeichen, ob der Film weitergeht oder jemals fertig gedreht werden wird.

Ich bin neugierig, was Herzog zu sagen hat. Angeblich beschuldigt er Mick, Jasons Aussteigen verursacht zu haben. Ich hatte Mick schon vorher darauf aufmerksam gemacht, es könne sein, dass Herzog alle Schuld auf die Schauspieler wälzen würde. Dagegen müsste man gegebenenfalls etwas tun. Vielleicht eine Pressekonferenz in New York mit allen drei Schauspielern?

Herzog hat zuerst mit Mick gesprochen, dann rief er mich an und wollte allein mit mir reden. Während er auf dem Weg zu mir war, rief ich Mick an und fragte ihn, ob ich etwas Bestimmtes wissen müsse. Mick sagte mir, dass Jason definitiv nicht zurückkäme. Herzog sei verzweifelt, entweder würde er einen Unfall inszenieren (schon wieder »stage an accident!«), bei dem er *ums Leben käme*, oder er würde die Rolle des Fitzcarraldo *selber spielen!*

Ich versuchte, Mick klarzumachen, dass wir Herzog diesen Zahn ziehen müssten. Mick nahm das jedoch nicht so richtig ernst. Ich warnte ihn, er würde sehen, dass Herzog das sehr ernst meine.

Gestern Abend, in Gegenwart von Joe Koechlin, dem peruanischen Co-Produzenten, und seinen Brüdern George und Peter diskutierten wir, Herzog, Mick und ich, die Sache nochmals. Jetzt sagte Mick sehr bestimmt, dass Herzog eine völlige Fehlbesetzung für die Rolle sei, der meinte dagegen, er sei sozusagen identisch mit Fitzcarraldo. Er wäre sicherlich nie lächerlich, und so würde der Film eine neue, einmalige Dimension bekommen. Als er dann sagte, dass es vielleicht sogar ganz gut wäre, wenn

Jason den Film nicht machte, wurde Mick richtig böse, nannte das zynisch und unglaublich, Jason als Fehlbesetzung hinzustellen und so sein eigenes Versagen zu einem Glücksfall, einem Erfolg für sich ummünzen zu wollen. Ich sagte Herzog dann so ungefähr alles, was ich von seiner Art Filme zu machen halten würde, dass er nicht an Schauspieler glaube, weil er sie nicht brauche, weil seine Filme eben Werner-Herzog-Filme seien, so dass er am liebsten ohne sie auskommen würde, wenn nicht der Filmverleih auf bekannten Schauspielern bestünde. Dass ich nicht damit einverstanden sei, dass er Freaks als Schauspieler einsetze, sie ausbeute und schließlich wieder in ihr vorheriges, armseliges Leben zurückstoße und zerstöre, bestes Beispiel Bruno S.! Den etwas schwachsinnigen Bruno S. hatte er aus einem Berliner Betrieb, in dem der als Packer arbeitete, zweimal für große Rollen aus seinem bescheidenen Ambiente gerissen, als seinen Filmstar unter anderem auch in Cannes bejubeln lassen, um ihn dann wieder in sein armseliges Leben zurückzubefördern. Herzog bestritt das. Bruno S. sei so wahnsinnig überzeugend und überzeugend wahnsinnig gewesen, wie es kein Schauspieler hätte sein können. Das könne man bestreiten, sagte ich, immerhin hätte auch ich einen wahnsinnigen Bruno, nämlich Bruno Lüdke gespielt, und auf das Spielen komme es schließlich an. Film sei nicht Realismus, sondern das Vorgeben, und Schauspieler hießen Schauspieler und nicht Schaumörder oder Schauwahnsinnige, sie müssten eben keine echten Verrückten wie Bruno S. sein. Ich könne seine rücksichtslose, sadistische Art des Filmemachens nicht akzeptieren. Kein Film sei so wichtig, dass er den Tod eines einzigen Hundes rechtfertige, geschweige denn eines Menschen, auch wenn dieser Mensch er selber sein sollte. Damit wollte ich auf seine Bemerkung anspielen, sich gegebenenfalls umzubringen, die er Mick gegenüber gemacht hatte.

Heute war ich mit Mick zum Strand gefahren. Er sah als einzige Lösung, Jason zurückzubekommen. Wir riefen Jason an, und er war gleich am Apparat. Mick wusste nicht genau, was er sagen sollte, und reichte mir den Hörer. Ich wünschte ihm alles Gute und sagte, dass wir froh seien, dass er zu Hause sein könne, er möge aber in Erwägung ziehen, dass, wenn er nicht zurückkäme, wir, Mick und ich, die ganze Scheiße noch einmal von vorn durchmachen müssten. Ich hatte den Eindruck, dass ich ihn nachdenklich machte. Er sagte, er würde heute noch einmal untersucht, und wir sollten ihn Freitag, 20.2., wieder anrufen.

Am Abend lädt Herzog mich telefonisch zum Abendessen ins »Tanquera« ein, ein argentinisches Restaurant, wo er schon mit Walter Saxer sitze. Ich solle mit Mick ein Taxi nehmen.

Die Begrüßung durch Walter und Herzog konnte fast überschwänglich genannt werden. Ich dämpfte ihre Laune, als ich ihnen sagte, dass Mick nicht habe mitkommen wollen. Er hätte mir nur eine Nachricht für Herzog von Lucki, der ihn angerufen habe, mitgegeben: 1. Er glaube nicht, dass Jason zurückkäme, 2., er habe erfahren, dass Kinski momentan nicht frei sei und 3., dass er, Lucki, den Plan Herzogs, den Fitzcarraldo selbst spielen zu wollen, als einen Wahnsinnseinfall betrachte.

Ich gebe zu, dass ich dies mit besonderer Genugtuung mitteilte. Herzog sagte, er könne das verkraften, wenn es vom eigenen Bruder komme. Im Folgenden führte Walter Saxer das Wort: Der Film sei nur zu retten, wenn Herzog den Fitzcarraldo spielte. Ich sagte, Herzog täte gut daran, auf seinen Bruder zu hören. Einmal davon abgesehen, dass er kein Schauspieler sei, fehle es ihm an dem »sense of humour«, den die Rolle verlange, den habe auch Kinski nicht, mit dem man ja offenbar Kontakt aufgenommen habe. Ich hätte auch den Eindruck, dass, wenn sie allen Ernstes daran dächten, Herzog den Fitzcarraldo spielen zu lassen, sie mit größter Wahrscheinlichkeit Mick und daher vielleicht auch mich verlieren würden.

Walter lenkte ein und sagte, natürlich müsse man zuerst versuchen, Jason zurückzubekommen. Man würde dann in Camisea wieder anfangen und dann nach Cuzco gehen. Ich sagte ziemlich heftig, dass sie so Jason gewiss nicht wiederbekämen. Sie sollten zuerst einige Tage in Iquítos drehen und dann erst wieder nach Camisea gehen.

Das Ganze ging aus wie das Hornberger Schießen: Man müsse zuerst abwarten, was bei Jasons Untersuchung durch den Versicherungsarzt herauskomme.

20. 2. 81, morgens

Herzog sucht Mick, der nicht im Hotel ist. Er und Walter Saxer wollten mit ihm sprechen. Es gebe Neuigkeiten. – Ich muss also vorher mit Mick reden! Aber wo steckt er? Im Wildlife-Büro mit Joe Köchlin über Herzog gesprochen. Joe ist sehr besonnen. Er findet, dass Herzog in einem so konfusen, verzweifelten Zustand sei, dass man ihn vorläufig nicht zu einer falschen Entscheidung zwingen dürfe.

Am Abend sind Herzog und Walter wieder im Hotel, um mit mir zu reden. Herzog sagte, er sei zwar überzeugt, ein sehr guter Fitzcarraldo sein zu können, sehe aber ein, dass dies gegen den Widerstand der anderen Schauspieler – gemeint waren Mick und ich, wer sonst? – nicht möglich sei. So sehe er als zweitbeste von drei Möglichkeiten, dass Mick Jagger den Fitzcarraldo spielt. Wilbur, Micks ursprüngliche Rolle, würde als dessen Alter Ego mit Fitzcarraldo verschmelzen und der Kapitän zur zweitwichtigsten Person des Films aufsteigen, von der alle »Action« ausgehe. Ich reagierte frostig. Alle Überlegungen würden einfach an mir vorbeigehen. Ich hätte seinerzeit schon einen Anspruch auf die Rolle erhoben, falls Warren Oates nicht zur Verfügung stünde. Jetzt seien Jason, dann er, Herzog, mir vorgezogen worden, jetzt, als ganz etwas Neues, Mick Jagger, und wenn er frei wäre, womöglich auch noch Kinski. Das sei schon eher eine Besetzungsfarce, nicht mehr seriös zu nennen und für mich eine Zumutung. Walter warf ein, dass die Idee mit Mick noch gar nicht wirklich zur Diskussion stünde, solange sie noch nicht mit Mick selbst, der leider unauffindbar sei, darüber gesprochen hätten. Mick war, das hatte er mir gesagt, mit George und Peter Koechlin zu einem Polterabend gefahren. Herzog und Walter baten mich, noch so lange zu warten, bis man mit Mick gesprochen habe, sie sähen ein, was sie da von mir verlangten.

Ich aß eine Kleinigkeit im Hotel und fuhr zu Joe Koechlins Haus, das ich in der Dunkelheit nur mit Hilfe einer Polizeistreife wieder fand. Es lag sehr versteckt mitten in einer Baumschule. Als ich in das Wohnzimmer kam, waren, wie in einer schlechten Komödie, alle dort: Mick

Jagger, Herzog, Saxer, die Koechlin-Brüder. Da Mick, Peter und George bei dem Polterabend einiges »geschluckt« hatten, wie sie zugaben, war Mick ziemlich betrunken. So wurde nichts aus der Besprechung, die Herzog und Saxer mit ihm führen wollten, und die beiden zogen beleidigt ab. Mick schimpfte über Herzog, er habe allen Respekt für ihn verloren, er finde ihn nicht nur ohne Talent, sondern auch ohne Können. Er fand gar kein Ende, erst um halb fünf Uhr morgens konnte ich ihn loseisen, und Joe ließ uns ins Hotel fahren.

Um 13 Uhr rief mich Saxer an. Er war mit Herzog unten in der Halle. Sie waren gekommen, um mit Mick zu sprechen, dem sie gestern den Fitzcarraldo angeboten und dem sie bis heute Mittag eine Bedenkzeit gegeben hatten. Aber Mick antwortete weder auf Anrufe noch auf Klopfen. So würden sie also gerne mit mir sprechen.

Sie fragten, ob ich seit gestern zu einer Entscheidung gekommen sei. Ich antwortete, dass eine Entscheidung nicht von mir kommen könne, bevor sie nicht mit Mick gesprochen hätten. Meine Meinung zu Mick als Fitzcarraldo kennten sie ja, und auch Mick selbst scheine ja nicht gerade begeistert von der neuen Idee, das war in der letzten Nacht doch klar geworden. Und einen lustlosen und nicht überzeugten Fitzcarraldo zu haben, wer könne das schon wollen. Als ich nach Jason und dem Ergebnis der Untersuchung fragte, ließ Herzog heraus, man könne Jason endgültig vergessen. Seine Anwälte hätten sogar vor, gegen ihn, Herzog, zu prozessieren, weil er Jasons Leben mehrmals absichtlich oder zumindest fahrlässig in Gefahr gebracht habe.

Als Mick sich um halb drei immer noch nicht meldete, wurde Walter Saxer sauer. Es sei wirklich absurd, dass man in dieser prekären Lage nicht mit der am meisten interessierten Hauptperson, nämlich Mr. Jagger, reden könne. Damit zogen die beiden ab.

Natürlich alles wieder anders. Herzog hat sich davon überzeugen lassen, dass auch Mick nicht die erhoffte Lösung ist. Ich habe durch Joe Koechlin erfahren, dass Herzog heute nach New York fliegen wird, um die Versicherungslage zu klären. Er wolle nicht abfliegen, ohne mit mir gesprochen zu haben. 9:30 h rief er an, er wolle um 10:30 h bei mir im Hotel sein.

Er war schon vorher da und teilte mir mit, dass Mick als Fitzcarraldo zwar »interessant, aber langweilig wäre«. Er habe ja schon so lange gebraucht, sich in die Rolle des Wilbur »hineinzuleben«, und jede Änderung des Drehbuchs würde zu lange dauern. Daher Lösung Nr. 3: Klaus Kinski. Er würde ihn in New York treffen, er arbeite noch an einem Billy-Wilder-Film und wäre gegen Ende März frei. Ich sagte, dass ich zwar seit jeher meine Probleme mit Kinski hatte, dass ich jedoch nicht grundsätzlich etwas gegen seine Besetzung hätte, doch wäre er einfach nicht richtig für die Rolle des Fitzcarraldo, wie er sowohl historisch überliefert als auch im Drehbuch dargestellt sei, und das habe er, Herzog, doch noch vorgestern lautstark bestätigt, abgesehen von seiner Antwort auf meine Frage, die ich ihm schon vor Monaten in München gestellt hatte, warum er seinen Lieblingsschauspieler Kinski nicht mit der Rolle besetze. Damals habe er mir lang und breit erklärt, warum Kinski nicht in Frage komme.

Herzog erklärte, dass sich eben viele Dinge geändert hätten, er wolle auch jetzt keine Entscheidung von mir, bäte mich aber, bis Mittwoch hier zu warten; er wolle mir von New York aus Bescheid geben. Ich sagte noch, dass ich auf jeden Fall nach Europa fliegen wolle, da eine erhebliche Verschiebung der Dreharbeit feststehe. Denn ich müsse erstens zu meinem Zahnarzt nach München, zweitens nach Rom wegen meiner Steuererklärung.

Hier endet mein Tagebuch, denn zwei Tage später verließ ich Peru.

*

Auf dem Flug von Lima nach München kam ich mit einem neben mir sitzenden Deutschen ins Gespräch, der offenbar über Herzogs Film und die aufgetretenen Schwierigkeiten bei den Dreharbeiten gut informiert war.

Er erzählte mir, dass er in der Nähe von Sebahue, also gar nicht weit von Herzogs Camp mitten im Dschungel, eine Lodge für vornehmlich deutsche Touristen betreibe. Er wusste interessante Details über die Umstände, unter denen Herzogs Vorbereitungen auf die Dreharbeiten vonstatten gegangen waren. Er wusste zum Beispiel, dass der private Flugzeugverleiher, bei dem Herzog seine Maschinen gechartert hatte, die ältesten Modelle hat und jedes Jahr mindestens zwei Maschinen beim Flug über den Urwald verliert, die man übrigens nie wieder findet, da die Vegetation die Absturzstellen in wenigen Tagen durch das schnelle Wachstum des Unterholzes unauffindbar macht. Mein deutscher Lodgebesitzer habe Saxer zwei seiner eigenen Maschinen angeboten, die er als zu teuer abgelehnt habe.

Als ich einige meiner Abenteuer am Camisea zum Besten gab, erfuhr ich, dass unsere Lebensmittelknappheit in der Tat nicht von Beschaffungsschwierigkeiten herrührte. Er habe in seiner Lodge anspruchsvolle Gäste, die er problemlos mit allem versorge. Wenn sie Champagner haben wollten, wie es zu Neujahr üblich ist, dann gäbe es eben Champagner, und wenn sie Kaviar wollten, dann gäbe es eben Kaviar. Er lud mich ein, sollte ich wiederkommen, bei ihm »vorbeizuschauen«, er würde mich in einem seiner Flugzeuge abholen lassen.

Kaum in München eingetroffen, erreichte mich ein Schreiben der Filmfirma Herzogs. Sein Bruder Lucki Stipetic teilte mir darin lakonisch mit, dass die Zahlungen für das Projekt »Fitzcarraldo« eingestellt worden seien. Das bedeutete einen klaren Vertragsbruch.

Wochenlang hörte ich nichts mehr von Herzog und seinem Film und hielt die ganze Angelegenheit für erledigt, von meiner legitimen Geldforderung abgesehen. Zum Glück ergab sich, dass Rainer Werner Faßbinder mich für seinen Film »Lola« haben wollte. Anfang Mai sollten die Dreharbeiten in der Münchener Bavaria beginnen. Ich sagte mit Freuden zu. Da erreichte mich ein Brief der Herzog-Produktion, dass die Arbeit an »Fitzcarraldo« nunmehr am 22. April mit Klaus Kinski in Peru fortgesetzt würde. Ich sei hiermit aufgefordert, mich für diesen Zeitpunkt zur Verfügung zu halten. Ich fiel aus allen Wolken. Man hatte durch den Zahlungsstopp mein Vertragsverhältnis einseitig gekündigt, und jetzt sollte es weitergehen, als ob nichts geschehen wäre. Ich rief Lucki an und sagte, dass ich leider mit Faßbinder für »Lola« abgeschlossen hätte. Daraufhin erhielt ich wenige Tage später einen Brief, dass mein Vertragsverhältnis mit Herzog Fortbestand habe, weil ich innerhalb einer Vierzehntagefrist nicht »gegengekündigt« und dadurch meine Bereitschaft zur Fortsetzung des Vertrags zu verstehen gegeben hätte. Sollte ich nun den weiter bestehenden und gültigen Vertrag nicht erfüllen, würde die Produktion mich auf eine Konventionalstrafe von zwei Millionen DM verklagen, die durch meine Weigerung für die Neuverfilmung des von mir gedrehten Materials aufgewendet werden müssten. Ich zweifelte zwar an der Rechtsgültigkeit dieser Forderung, ging aber erst einmal zu Faßbinder. Der zeigte sich großzügig und schlug mir vor, dass ich drei Wochen lang bei ihm in München drehen, dann zu Herzog fahren könne, um dann noch einmal zwei Wochen für »Lola« nach München zu kommen.

Doch Herzog wollte von dieser Lösung nichts wissen. Er behauptete, dass die Versicherung meine Reisen zur Arbeit bei Faßbinder wegen der Wetterbedingungen im Urwald nicht erlaube. Ich hatte den Eindruck, dass er einfach nicht wollte, dass ich bei Faßbinder drehte. Ich hingegen wollte natürlich »Lola« nicht verlieren und zog meinerseits einen Anwalt zu Rate. Der versicherte mir, dass Herzog meinen Vertrag einseitig gebrochen habe und die Zwei-Millionen-Forderung Herzogs völlig absurd sei.

So blieb »Fitzcarraldo« der einzige Film in meiner Karriere, den ich begonnen und nicht zu Ende gedreht habe.

P. S.: Wie man weiß, hat Herzog mit »Fitzcarraldo« einen viel beachteten Film gedreht. Kinski hat aus dem

Fitzcarraldo einen strohblonden, sehr unrealistischen, dafür aber besessenen und extremen Spielteufel gemacht, wie sicher nur er es konnte.

Natürlich haben 5000 Indianer – es waren sicher auch weniger – das Schiff nicht mit Flaschenzügen und Körperkraft über den Berg ziehen können, es mussten Zugmaschinen aushelfen, auch musste später ein Schiffsmodell gebaut werden, das die Bewegung über den Berg sichtbar machte. Es hat angeblich eine Hand voll Tote bei den Dreharbeiten gegeben, bei einem Flugzeugcrash einen Querschnittsgelähmten; ein Indiostamm wurde aus seinem Habitat Tausende Kilometer entfernt in eine fremde Urwaldgegend verpflanzt, Hunderte, vielleicht Tausende von Bäumen wurden gefällt ...

Ein Jahr danach erhielt Werner Herzog beim Filmfestival in San Sebastian für den Film »Fitzcarraldo« einen Sonderpreis für Ökologie.

Hekuba

Wer den italienischen Fernsehfilm *ALLEIN GEGEN DIE MAFIA* gesehen hat, findet im Folgenden die Grundgeschichte und einige Situationen des vierten Teils der Serie. Das meiste, was er hier liest, ist allerdings von mir als dem Schauspieler, der den Salvatore Frola spielte, dazuerfunden worden, sozusagen als Fingerübung, um die Rolle im Ganzen zu erfassen. Das ist eine Technik, die schon Stanislawski angewandt hat und die heute besonders am New Yorker Actors' Studio unter dem Begriff »method acting« praktiziert wird.

Als Salvatore Frola zwölf Jahre alt war, schenkte ihm sein Pate, der Weinhändler Paolo Mangiafrati, bei dem sein Vater seit zwanzig Jahren arbeitete, ein Bianchi-Fahrrad mit sechs Gängen. Salvatore, von allen Turi genannt, war glücklich. Jetzt galt er etwas bei seinen Freunden, die ihn beneideten, da sie bestenfalls ein einfaches Fahrrad ohne Gänge hatten wie Dino und Sandro oder Piero, der überhaupt kein Fahrrad besaß und verspottet wurde, wenn er sich einmal das altmodische Damenfahrrad seiner Schwester auslieh. Mit seinem Bianchi-Rennrad war Turi natürlich gleich zum Anführer der kleinen Bande von Jungen in diesem eher armen Viertel der Stadt avanciert.

Doch schon nach wenigen Tagen wurde ihm sein geliebtes Fahrrad gestohlen. Er hockte auf der Erde an der Stelle, an der er es für einige Augenblicke aus den Augen gelassen hatte. Er weinte, schlug mit seinen kleinen Fäusten auf die Erde, und in ohnmächtiger Wut stammelte er: »Den bring ich um, ich bring ihn um!«

Da legte sich eine schwere Männerhand auf seine schwarzen Locken, und eine Stimme fragte: »Aber, aber, wen willst du denn umbringen? Was hat man dir getan?« Der Junge wischte sich die Tränen ab und schaute hoch. Er sah in das dunkle Gesicht von Don Vito Vitale, dem großen, mächtigen Capo, der ihn ermutigend anlächelte:

»Sprich, mein Junge, was hat man dir getan, dass du gleich jemanden dafür umbringen willst?« Der Junge verspürte Angst und gleichzeitig ein merkwürdiges Vertrauen zu Don Vito. Schluchzend sagte er: »Jemand hat mir mein neues Fahrrad gestohlen.« »Wie heißt du denn, mein Kleiner?« fragte Don Vito. »Turi Frola.« »So, so, Turi Frola? Dann bist du doch der Sohn von Enzo Frola, oder?« Turi nickte, »und Ihr seid Don Vito, nicht wahr?« Don Vitos Gesicht beugte sich ganz nahe über den Jungen: »Dann hör mir einmal gut zu, Turi, du hörst jetzt auf zu weinen und gehst nach Hause. Dort sagst du nichts von dem gestohlenen Fahrrad, sonst setzt es sicher Prügel von deinem Vater, aber morgen früh schaust du aus dem Fenster, und gegenüber eurem Haus, vor dem Laden von Zia Caridda, wird dein Fahrrad stehen. – Nein, nein, bedanke dich nicht. Ein Mann bedankt sich nicht, er weiß, wenn er etwas schuldet, und er zahlt zurück, wann er es kann. Frag auch nie, wer es dir weggenommen hat. Und spar dir deine Wut auf für den Tag, an dem du alt genug für deine Rache sein wirst, hast du mich verstanden?« Turi nickte wieder und schaute dankbar in Don Vitos ernstes Gesicht. Der nahm nun die Hand von Turis Kopf und strich ihm leicht über die Wange. Da ergriff Turi die Hand, küsste sie und murmelte: »Bacio la mano, Don Vito!« Turi trabte los. Er schaute sich nicht um.

Als er am nächsten Morgen, es war kaum hell, aus seinem Fenster sah, stand tatsächlich sein Fahrrad gegenüber an der Hauswand neben der Tür des Obstladens der Zia Rosalía Caridda, die schon auf war und Äpfel und Apfelsinen in die Kästen vor ihrem Ladenfenster legte. Turi schlich sich leise aus dem Haus, ergriff mit einem fröhlichen »Buon giorno, Zìa Rosalí!« die glänzende Lenkstange seines Fahrrads, schwang sich auf den Sattel und fuhr los, ohne zu wissen wohin ...

Fünfzehn Jahre waren ins Land gegangen. Turi hatte erfolgreich eine Lehre als Kraftfahrzeugmechaniker abgeschlossen, anderthalb Jahre lang gemeinsam mit seinen alten Schulfreunden Dino und Piero Militärdienst in Südtirol und in Orvieto abgeleistet, hatte inzwischen ein Mädchen, Carmela Marcuso, aus einer wohlhabenden Familie aus einer kleinen Stadt im Westen Siziliens geheiratet, hatte schon eine dreijährige Tochter und arbeitete in der Werkstatt eines Verwandten, den er Zù Gino nannte. Es ging ihm gut, er war glücklich und fuhr obendrein ein dunkelgrünes, für ihn etwas zu großes Lancia-Coupé, das er als Unfallwagen billig erstanden und eigenhändig wieder instand gesetzt hatte.

Es war an einem heißen Sommernachmittag. Turi arbeitete schwitzend an einem ausgebauten Motor, der an einer

Kette hing, als eine schwarze Mercedeslimousine in den Hof vor der Werkstatt rollte. Zwei schwarz gekleidete Männer stiegen aus, kamen langsam auf Turi zu, standen eine Weile stumm da, bis Turi schließlich fragte: »Ist etwas mit Ihrem Wagen?« Die beiden antworteten nicht, schauten sich an, wie um zu entscheiden, wer sprechen sollte, und der ältere der beiden fragte: »Turi Frola, bist du das?« Turi nickte freundlich. Jetzt sagte der andere: »Komm mit!«, und beide wandten sich um und gingen zu ihrem Wagen, ohne Turis Antwort abzuwarten. Der sagte denn auch: »Wie stellen Sie sich das vor? Ich bin allein hier und habe zu arbeiten! Und wohin soll ich überhaupt kommen?« Die beiden standen bei ihrem Wagen und ließen Turi reden. Der eine hatte die hintere Tür aufgemacht, der Ältere sagte dann: »Don Vito Vitale will dich sehen!« Turi fühlte sein Herz schlagen, er wusste, es gab keine Wahl. Er wischte sich die Hände, so sauber es ging, an einem Lappen ab, nahm seine Jacke vom Haken, schob die Werkstatt-Türe zu und stieg zu den beiden, die schon vorne Platz genommen hatten, in den Wagen.

Die beiden Picciotti führten Turi in die Halle von Don Vitos Haus. Die Fensterläden waren geschlossen, und so war es fast nachtdunkel in dem riesigen Raum, nur schmale Lichtstreifen drangen durch die Fensterläden und malten ein Muster auf die gebohnerten Kacheln des Fußbodens. Es war angenehm kühl, und Turi roch Zigarrenrauch, bevor er in einem schweren Sessel Don Vito erraten konnte. Er näherte sich ihm und konnte allmählich mehr als seine Umrisse erkennen. Eine karierte Wolldecke lag über seinen Knien. Die linke Hand hielt einen knorrigen Stock, zwischen den gelblichen schmalen Fingern glänzte ein silberner Knauf. Don Vito hob kaum die rechte Hand, die Turi sich herunterbeugend nahm und mit dem üblichen »Bacio la mano« küsste.

»Setz dich, Turi!« sagte Don Vito, »ich höre, dir geht es gut. Du bist verheiratet, dein Schwiegervater, Elio Marcuso, war mein Freund. Du hast eine kleine Tochter und ein großes Auto?« »Ich kann nicht klagen«, erwiderte Turi. »Turi, ich nehme an, du weißt, warum ich dich rufen ließ?« erkundigte sich Don Vito freundlich. »Eigentlich nicht«, stotterte Turi und wagte nicht zu denken, was er dachte. »Nein?« Don Vitos Stimme blieb leise, doch das eine lang gezogene Wort klang verwundert und beleidigt.

»Da muss ich mich aber wundern, Turi! Ein braver junger Mann wie du sollte doch die Regeln kennen.« Turis Augen hatten sich an die Dunkelheit gewöhnt, und er konnte jetzt deutlich Don Vitos Gesicht sehen, konnte feststellen, dass Don Vito viel älter aussah, als er ihn in Erinnerung hatte, denn Turi hatte ihn seit damals nicht wieder gesehen.

Don Vito machte eine lange Pause, setzte seine Zigarre wieder in Brand und sagte dann leise, wobei er jedes Wort betonte: »Dann muss ich dich daran erinnern, dass du mir einen Dienst schuldest!« – »Das Fahrrad!« flüsterte Turi. »Ja, das Fahrrad! Heute ist der Tag gekommen, an dem du dich rächen kannst für den Diebstahl an demjenigen, der dein Fahrrad damals gestohlen hat!« Gerne hätte Turi jetzt gesagt: »Mir ist es doch gleichgültig, wer das getan hat. Das war doch ein Jungenstreich!«

Doch Turi wusste, dass Don Vito es todernst meinte, denn er fuhr fort: »Ich weiß, dass du mir sagen willst, dieser kleine Diebstahl verdiente keine Strafe, aber ich kann dir sagen, einmal ein Dieb, immer ein Dieb. Jetzt hat dieser Dieb deines Fahrrads es gewagt, mich, Don Vito Vitale, zu bestehlen, und dafür, das wirst du zugeben, hat er die schwerste Strafe verdient. Ich bin ein alter, kranker Mann, und darum, Turi, wirst du sie für mich vollziehen, das schuldest du mir!«

Auf einmal lag ein silber glänzender Revolver auf dem Tisch. »Das kann ich nicht«, stammelte Turi. »Dann wirst du es lernen!« sagte Don Vito hart. Nach einer langen Pause hörte sich Turi leise fragen: »Don Vito, wer ist der Mann, den ich ...?« Don Vito antwortete nicht. Er schlug das Plaid zur Seite, erhob sich schwer und hinkte zur Tür. Dort drehte er sich um und zeigte mit dem Stock auf jemand, der unbemerkt eingetreten war und hinter Turi stand. »Alvaro wird dir alles andere genau erklären«, sagte Don Vito und verschwand.

Der Mann, den Don Vito Alvaro genannt hatte, war ganz in Schwarz gekleidet. Er gab Turi die Hand, an der ein protziger goldener Ring glänzte. Alvaro legte den Arm um Turis Schulter und ging mit ihm im Zimmer auf und ab, während er sprach. »Turi, du bist dir doch darüber klar, welche Chance dir Don Vito bietet. Ich soll dir sagen, dass du noch in diesem Jahr der Besitzer von Zù Ginos Autowerkstatt sein wirst, im nächsten Jahr wird eine Tankstelle dazugehören! – Und nun zu morgen. Präge dir genau ein, was ich dir jetzt sage!«

In Turis Kopf taumelten die Gedanken durcheinander: ›Das alles soll ich so bald besitzen? Aber was ist der Preis?

Ich soll einen Mord begehen! Das kann ich nicht! Aber ich kann auch nicht Don Vitos Befehl missachten. Das ist genauso unvorstellbar ...‹

Er hatte bisher Alvaro kaum zugehört, bis er ihn sagen hörte: »Den Namen deines und unseres Feindes werde ich dir nicht sagen. Du wirst ihn sehen und ohne Zögern schießen. Morgen Mittag um zwei Uhr wird er in der BAR DELLO SPORT auf der Piazza della Resistenza sein. Er wird dort telefonieren. Du wirst morgen früh mit einem Auto aus deiner Werkstatt in die Nähe der Piazza fahren. Dann wirst du zu Fuß zur Polizei gehen und den Diebstahl dieses Wagens anzeigen. Kurz vor zwei fährst du mit dem Wagen langsam auf die Piazza. Achte darauf, dass das rechte vordere Fenster deines Wagens auf ist. Wenn unser Feind aus der Bar kommt, wirst du bei ihm anhalten. Da er dich kennt, wird er auf dich zukommen. In diesem Augenblick wirst du schießen, mindestens drei Schüsse. Dann gibst du Gas und fährst höchstens zwei Kilometer auf der Straße nach Monreale. Dort lässt du den Wagen stehen. Mach dir keine Sorgen um Fingerabdrücke. Du hast den Wagen ja in deiner Werkstatt gehabt. Dann gehst du durch die Weinberge zu deinem Vater. Der wird dir dein Alibi nicht verweigern.«

Am folgenden Mittag, es war ein Samstag, wartete Turi in einem alten Alfa Romeo in einer Seitenstraße im Schatten. Er trug eine Sonnenbrille und eine Mütze, die er tief in die Stirn gezogen hatte. Er beobachtete die Piazza, die fast menschenleer im hellen Sonnenlicht lag. Auf dem Sitz neben ihm lag unter einer Zeitung verborgen der Revolver.

Vor der BAR DELLO SPORT, im Schatten eines Sonnenschirms, saßen nur zwei alte Männer über einem Brettspiel. Turis Herz klopfte zum Zerspringen. Doch als kurz nach zwei ein Mann aus der Bar ins Sonnenlicht trat, traute Turi seinen Augen nicht. Es war sein Freund Piero.

Der Schweiß floß in Turis Augen, während er langsam losfuhr, die rechte Hand suchte unter der Zeitung den Griff des Revolvers. Als er den Wagen auf Pieros Höhe anhielt, hörte er Piero rufen: »Turi!«, und er sah ihn heiter lachend auf den Wagen zukommen. Turis Hand lag unter der Zeitung auf dem Revolver, Bilderfetzen rasten durch sein Gehirn: Don Vitos hartes Gesicht, die Werkstatt mit Turis Namen, die Tankstelle, das Fahrrad von damals, und jetzt sah er Pieros freundliches Lächeln. Turi hörte sich heiser rufen: »Steig ein!«, während er den Revolver ins Handschuhfach warf. Piero öffnete die Wagentür und setzte sich neben Turi, der mit quietschenden Reifen losfuhr. Auf der anderen Seite des Platzes fluchte Alvaro und trat seine Zigarette mit seinem spitzen, eleganten Schuh aus.

Turi erzählte Piero wie im Fieber die ganze Geschichte. Es war klar: sie waren beide in Lebensgefahr. Don Vitos Arm war lang. Sie dachten darum nur an Flucht, Flucht, so weit wie möglich. Sie trauten sich nicht einmal, ihre Familien anzurufen. Die Freunde fuhren ein paar Stunden auf der Küstenstraße nach Osten, in Messina nahmen sie eine Fähre zum Festland, fuhren ohne zu essen und nur zum Tanken anhaltend bis nach Neapel. Dort fanden sie Unterschlupf bei einem Freund, mit dem sie gemeinsam beim Militär waren.

Eine Woche lang warteten zwei Männer in der Nähe von Turis Wohnung darauf, dass er versuchen würde, seine Frau Carmela zu sehen. Sie suchten ihn auch bei seinem Vater und schlugen den alten Mann.

Turi blieb verschwunden. Er hatte Carmela nur einmal angerufen und sie beschworen, sofort und ohne es einem Menschen zu sagen, mit ihrer Tochter zu ihrer Mutter nach Trapani zu fahren. Schon drei Tage später tauchte ein schwarz gekleideter Mann dort auf. Die Mutter log tapfer, dass ihre Tochter nicht da sei, sie wüsste auch nicht, wo sie sich befände. Alvaro lobte sie für ihre Vorsicht, riet ihr, in Zukunft die Wäsche der kleinen Concettina nicht im Garten auf der Leine zu trocknen, und zog eine Puppe aus einem Plastikbeutel, die Turi ihm für die Kleine mitgegeben habe. Dann erzählte er, dass Turi sich bei Freunden versteckt halte und Carmela und seine kleine Tochter unbedingt sehen wolle. Er, Alvaro, habe als Beweis Turis Lancia dabei, in dem er beide zu Turi bringen solle.

Carmela hatte draußen gelauscht und kam nun, von der Vertrauenswürdigkeit des Besuchers überzeugt, mit ihrem Töchterchen auf dem Arm ins Zimmer. Alvaro begrüßte Carmela und gab dem Kind die Puppe. Er erzählte, dass Turi wegen Mordverdachts von der Polizei gesucht werde, aber er sei überzeugt, dass Turi unschuldig sei und dass sich die Sache sicher bald aufkläre. Er schlug vor, bis zum Einbruch der Dunkelheit zu warten. Er wurde von der Familie zum Abendessen eingeladen, er bedankte sich und spielte mit der kleinen Concettina, bis es dunkel genug war, um ohne Aufsehen abzufahren. Carmela tappte in die Falle und stieg mit ihrer kleinen Tochter zu Alvaro in Turis Lancia-Coupé.

Zwei Tage später stand es in allen Zeitungen Italiens: Man fand den völlig ausgebrannten Wagen Turis, die verkohlten Reste zumindest einer identifizierbaren Leiche, der Frau Salvatore Frolas, Carmela Frola, geborene Marcuso. Die Polizei schloss einen Unfall aus, denn Carmela besaß keinen Führerschein, und Zeugen wollten kurz vor dem Tatzeitpunkt einen Mann am Steuer des Wagens gesehen haben, dessen Beschreibung auf Alvaro zutraf. Im Wagen war wahrscheinlich auch die dreijährige Tochter, Concettina Frola, ums Leben gekommen.

Der Tat verdächtigt wurde Salvatore Frola. Die Polizei schloß ein »delitto d'onore«, eine Eifersuchtstat, nicht aus. Turi las die Nachricht in der Zeitung und brach zusammen. Er wollte sich der Polizei stellen und die wahren Schuldigen, denn das waren ohne Zweifel Don Vito Vitale und Alvaro Caruso, anzeigen. Doch Piero riet ihm davon ab. Das wäre sein sicherer Tod. Zu sterben wäre für Turi eine Erlösung gewesen. So fuhr er nach Sizilien und ging geradewegs in die Höhle des Löwen.

Don Vito zeigte auch Wirkung wegen Turis Mut, zu ihm zu kommen. »Turi«, sagte er, »du weißt, ich könnte dich jetzt der Polizei übergeben. In einem Prozeß würdest du wegen des Mordes an deiner Frau und deiner Tochter wahrscheinlich zu lebenslänglichem Zuchthaus verurteilt werden. Obwohl du mich schwer beleidigt hast, gebe ich dir einen guten Rat. Mit Hilfe meines Anwalts, der in dem Prozess, dem du nicht entgehen kannst, auf Geistesgestörtheit und Unzurechnungsfähigkeit plädieren wird, musst du nicht ins Zuchthaus, sondern kommst mit ein paar Monaten in einer Anstalt davon.«

Während des Prozesses aber sagte Turi auf Fragen des Staatsanwalts aus, dass er Don Vito und Alvaro Caruso am Tod seiner Familie für schuldig halte. Aus jener Zeit stammt der Spitzname Turis, der auf dessen »Singen« während des Prozesses gemünzt war: ACCIDUZZO, das Vögelchen.

So kam Turi ins Irrenhaus, aber nicht für ein paar Monate, denn Don Vitos Anwalt sorgte dafür, dass Turis Entlassung immer wieder hinausgeschoben wurde, nicht zuletzt, weil er der Staatsanwaltschaft Zettel, die von Turi stammen sollten und wilde Morddrohungen enthielten, zuspielte. So kam es, dass Turi fünfzehn Jahre in der Irrenanstalt von Palermo zubrachte.

Während all der Jahre in der Anstalt kreisten Turis Gedanken tatsächlich um nichts anderes als die Rache für den Mord an seiner Frau und seiner Tochter. Nach fünfzehn Jahren gelang es ihm, durch den Entlüftungsschacht des Anstaltsgebäudes zu entkommen. Er holte den Revolver, den ihm Don Vito für den Mord an Piero damals gegeben hatte, aus seinem Versteck und begab sich zu der Bank, an der Alvaro es mit Hilfe der Mafia zum Posten des Bankdirektors gebracht hatte. Dort fand er Alvaro während einer öffentlichen Feier im großen Saal der Bank. Er ging auf ihn zu, die rechte Hand hielt den Revolvergriff in der Manteltasche. Als er vor Alvaro stehen blieb, sah der den alten Mann mit dem zerrütteten Gesicht zuerst verständnislos an, erkannte ihn auf einmal und flüsterte: »Acciduzzo!« – »Ja, Acciduzzo«, sagte der bitter und gab mit unbewegter Miene sechs Schüsse auf Alvaro ab. Als

Kommissar Cattani eintraf und mit gezogener Pistole auf Turi zuging, richtete der seinen Revolver auf den Kommissar, vielleicht in der Erwartung, dass der schießen würde, aber Cattani blickte in Turis Augen und senkte die Waffe. Turi ließ sich ohne Gegenwehr festnehmen.

In seiner Gefängniszelle erzählte er dem Kommissar, warum er damals seinen Freund nicht hatte töten können.

»Ich habe einmal in einem Buch gelesen, wie schnell der Wind in einer Sekunde weht. Bei drei Metern ist es nur ein Atem, bei zehn ein Windhauch, der die Zweige bewegt, bei dreißig ist es ein Sturmwind und bei vierzig ein Orkan. Aber um den Abzug einer Pistole zu drücken, muss der Wind stärker wehen, sehr viel stärker. Ich war stark wie ein Stier damals, aber diese Kraft, die hatte ich nicht.«

*

Ich liege in der Rolle des Salvatore Frola den dritten Tag im Bett der »Intensivstation«, die man in einer alten, leerstehenden Schule gleich neben dem römischen Großmarkt am Viale Ostiense für die Filmaufnahmen von ALLEIN GEGEN DIE MAFIA aufgebaut hat. Salvatore, den ich spiele, ist nach seiner Rache am Mörder seiner Familie wieder ins Visier der Mafia geraten und hat sich entschlossen, als Kronzeuge mit den Behörden zusammenzuarbeiten, falls es der Mafia nicht vorher gelingt, den Abtrünnigen mit Gewalt an seiner Aussage zu hindern. Beim Transport vom Gefängnis zur Gerichtsverhandlung wird der Konvoi der Polizei auf der Autobahn an einer raffiniert gelegten Umleitung in einen Hinterhalt gelockt und beschossen. Mehrere Polizisten werden getötet, Frola lebensgefährlich verletzt.

Da liegt er also, Salvatore Frola, von der Mafia verfolgt, weil er als junger Mann nicht töten konnte; zum Krüppel geschossen und »Acciduzzo«, das Vögelchen genannt, weil er »gesungen« hat, ein Feind, ein Ankläger der Mafia geworden war. Er ist völlig gelähmt, nicht des Sprechens, nicht einer Bewegung fähig. Nur die Augen sind noch lebendig geblieben in diesem sonst toten Körper.

Man hat mich an einige wirklich funktionierende Apparate angeschlossen, hörbar ist der Bip-Ton des Kontrollgeräts für die Herztöne: für einen Kranken vielleicht allzu gesunde, ruhige 55 Schläge pro Minute. Ich gebe zu, ich neigte damals noch dazu, das Herz nur als eine Pumpe zu sehen, die Emotionen lagen für mich im Sonnengeflecht oder im zentralen Nervensystem, in der Zirbeldrüse. Und als Schauspieler sah ich mich lieber als »Kopfschauspieler«, der die Emotionen nicht hat, sondern spielt.

Doch hier, in der Szene IV;75,1 geschieht etwas Erstaunliches: Acciduzzo bittet den zu seinem Freund gewordenen Kommissar Corrado Cattani durch Zeichen um Stift und Papier. Er kann inzwischen den Finger, der ihm einst das Schießen verweigerte, wieder so weit bewegen, dass er mühsam schreiben kann, und er schreibt kaum leserlich: »Lass mich sterben!«, und da schnellen auf einmal meine wirklichen Herztöne auf 60, 80, 100, 150, 180 Schläge in der Minute! Und als wir am nächsten Morgen die Szene drehten, in der Cattani dem armen Acciduzzo die seit dem Verbrechen damals tot geglaubte, nun erwachsene Tochter ins Krankenzimmer bringt, spielte mein Herz noch mehr verrückt: In dem Moment, als das Mädchen hereinkommt, das ich noch nie gesehen hatte – auch die junge Schauspielerin, die es spielte, kannte ich nicht –, steigerte es sich zu Hochleistungsfrequenzen von 220 Schlägen in der Minute, bei völlig ruhiger Körperhaltung! Seither weiß ich: Das Herz ist nicht nur eine Pumpe!

Was sagt Hamlet über den ersten Schauspieler, dem bei der Beschreibung von Hekubas Schmerzen über Priamus' Tod die Tränen die Wangen herabfließen?

»Ist's nicht erstaunlich, daß der Spieler hier
Bei einer bloßen Dichtung, einem Traum
Der Leidenschaft, vermochte seine Seele
Nach eignen Vorstellungen so zu zwingen,
Daß sein Gesicht von ihrer Regung blaßte,
Sein Auge naß, Bestürzung in den Mienen,
Gebrochne Stimm' und seine ganze Haltung
Gefügt nach seinem Sinn.
Und das alles um nichts! Um Hekuba!
Was ist ihm Hekuba, was ist er ihr,
Daß er um sie soll weinen?«

Der Klavierstimmer

Wie der ganze November in Paris, war jener Dienstagmorgen regnerisch und kalt. Das richtige Wetter für einen Museumsbesuch, dachte ich beim ersten Blick aus dem Fenster. Damals interessierte ich mich gerade für chinesische Malerei. So fuhr ich mit der Metro zum Boulevard de Courcelles. Von der Metro-Station Monceau waren es nur ein paar Schritte durch den Park zum Musée Cernuschi in der Rue Velasquez. Doch als ich, schon ziemlich durchnässt, dort ankam, fand ich das Museum aus unerfindlichen Gründen geschlossen. Enttäuscht wollte ich wieder den gleichen Weg zurück einschlagen, doch der eisige Wind blies mir entgegen, der feine Regen stach mir mit tausend Nadelstichen ins Gesicht, und so kehrte ich, vor mich hinfluchend, um und trat durch das prächtige schmiedeeiserne Tor des Parc de Monceau auf den Boulevard Malesherbes hinaus. Den Wind im Rücken, ging ich den breiten Boulevard hinunter, während ich hin und wieder nach einem Taxi Ausschau hielt. Vergeblich. Auf halbem Wege schien mir die Metro-Station an der Place St. Augustin so weit weg, dass ich aufgab und links in die Rue de Lisbonne einbog. Die Metro-Station Europe lag zwar kaum näher, auch regnete es hier stärker, aber dafür war der Wind kaum zu spüren.

In der Rue de Madrid drang, wie beim Stimmen eines Orchesters, ein wirrer Tonsalat von Klavieren, Geigen, Hörnern, Flöten und Frauenstimmen durch alle Ritzen des Conservatoire National de Musique. Ich überquerte die Straße und flüchtete in das offene Portal. Dort drängte ich mich durch eine Schar von schnatternden Japanerinnen, die kaum größer als ihre Geigenkästen waren. Da auch das Foyer kalt und zugig war, ging ich zum Eingang des Musée National Instrumental de Musique hinüber. Weniger aus Kunstbeflissenheit oder Neugier, sondern um aus Kälte und Nässe in ein geheiztes Gebäude zu kommen, löste ich eine Eintrittskarte, gab meinen Trenchcoat bei der Garderobe ab und trat in die angenehm geheizten Ausstellungsräume.

Ich schlenderte zuerst nur mäßig interessiert durch die verschiedenen Abteilungen mit einer unglaublichen Vielfalt von Instrumenten: Von Panflöten, Büffelhörnern, Blockflöten in allen Größen, Querflöten aus Elfenbein und Kristall, über winzige Vogelflöten, Diapasone, Klarinetten und Fagotts, bis zu Hörnern, Posaunen, Dudelsäcken, Walzenorgeln und einer einsamen Glasharmonika war da alles zu bestaunen, was Menschen an Musikinstrumenten im Laufe ihrer Geschichte erfunden hatten, von den einfachsten bis zu den ausgefallensten und kostbarsten Exemplaren. In einem weiteren Saal standen zu beiden Seiten Vitrinen an den Wänden, in denen alte Streichinstrumente, Geigen von Stradivari und Amati, Bratschen, Lauten und Mandolinen verstummt dahindämmerten, neben unzähligen Gitarren aus Holz, einigen bizarren Exemplaren aus Elfenbein, Perlmutt oder ganzen Schildkrötenpanzern. Am anderen Ende eine Gruppe von verstaubten Celli und Kontrabässen, wie Gefangene in eine zu enge Zelle gedrängt.

Mitten in einem recht großen Saal voller Clavecins, Spinette und merkwürdig geformter Klaviere stand auf einem runden Podest ein großer Rokoko-Flügel. Es war ein ungewöhnliches Instrument, stand auf fünf vergoldeten, grazilen Füßen und glich nur von ungefähr den schwarzen, ernsthaften Ungetümen auf den Bühnen der Konzertsäle, denn sein sehr langes, elegantes Gehäuse war rundherum mit einem Reigen von pausbäckigen Putti bemalt, und nicht nur die Oberseite des lang geschwungenen Deckels, sondern sogar dessen hochgeklappte Innenseite zeigte farbenfrohe Schäferszenen in fantastischen Parklandschaften. Ein kleines Schild auf dem Boden des Podests verriet, dass das kostbare Stück 1791 als eines der ersten Pianofortes von den Brüdern Erard, Paris, geschaffen worden war, dass es sich um ein Geschenk Napoleons an Joséphine de Beauharnais handelte und dem Museum von einer Mlle. Caroline Bouvier als Leihgabe überlassen worden war.

Mir fiel ein Besucher auf, der einige Male um den Flügel herumging, die kostbare Malerei aus der Nähe betrachtete, mit der Hand fast zärtlich darüber fuhr, sie jedoch nicht zu berühren wagte, sich dann auf eine der langen Bänke setzte, um mit einem wehmütigen Lächeln das kostbare Instrument aus größerem Abstand zu betrachten. Die gelockten dunklen Haare trug er in einer Fasson, die man früher als Künstlerhaarschnitt bezeichnet hätte. Das Gesicht darunter war edel geformt, die Haut bleich, und nur um das Kinn und den Mund herum verdunkelte sie der Anflug eines Bartes. Er trug einen schwarzen

Anzug und einen ebenso schwarzen Rollkragenpullover. In seiner ganzen Erscheinung schien er mir irgendwie modisch und doch, wie soll ich sagen, aus einer anderen Zeit zu stammen.

Plötzlich wusste ich, wer der Mann war. Ich hatte ihn in einem Konzert gesehen, als Pianist, ein Pianist mit einem russischen Namen, aber der fiel mir nicht ein. Ich setzte mich nicht allzu auffällig auf das andere Ende der Bank. Er schaute zu mir herüber, eher neugierig als belästigt, ich nickte ihm freundlich zu, und er reagierte, wie Künstler reagieren, wenn man erkennen lässt, dass man sie erkennt, sie hingegen nicht wissen, ob sie einen kennen müssten, und vorsichtshalber freundlich zurücklächeln.

»Zdrastwuitje, Maestro«, sagte ich, und er entgegnete höflich mit einem akzentfreien:

»Bonjour, Monsieur, kennen wir uns?« »Ich habe Sie einige Male in Konzerten bewundert«, übertrieb ich und rutschte auf der Bank ein wenig näher. Ich bemerkte, wie er immer wieder zu dem Rokokoflügel schaute, und so sagte ich etwas unbeholfen:

»Interessieren Sie sich, ich meine, über Ihren Beruf hinaus, für Musikinstrumente, zum Beispiel für ein solch prächtiges Exemplar?«

»Interessieren ist vielleicht nicht das richtige Wort«, entgegnete er, wieder mit jenem wehmütigen Lächeln um seinen fein geschwungenen Mund, »ich kenne das Instrument, ich hätte sogar einmal darauf spielen sollen; ich habe es abgelehnt. Eine große Dummheit von mir.«

»Und heute würden Sie vielleicht gern darauf spielen?« versuchte ich zu raten.

»Es geht mir nicht ums Spielen, außerdem ist es mehr ein Museums- oder Sammlerstück und als Instrument für einen professionellen Pianisten ziemlich ungeeignet.«

Plötzlich fiel mir sein Name wieder ein: Panfilov, Alexander Panfilov, der umschwärmte Sascha Panfilov, der neue Pariser Darling der klassischen Musikszene. Ich war neugierig geworden. Es war klar, dass der Konzertflügel eine Rolle in seinem Leben gespielt haben musste, und irgendwie hatte ich den Eindruck, dass er die Geschichte gerne erzählt hätte. Ich bemerkte, wie mein Nachbar sich mit einem Seufzer erhob. Ich stand ebenfalls auf, und er wandte sich mir zu:

»Ich glaube, ich muss eine Zigarette rauchen, und hier darf man ja nicht. Kommen Sie mit?« Ich nickte und verließ hinter ihm den Saal. Wir standen rauchend in dem kühlen Foyer und sprachen kaum. Der Regen hatte aufgehört, und wir entschlossen uns, das Museum zu verlassen.

Als wir zur Garderobe gingen und unsere Regenmäntel anzogen – der seine war schwarz –, fragte mein neuer Bekannter, ob ich ihn in eine nahe gelegene russische Teestube begleiten wolle. Mit Vergnügen sagte ich zu.

In dem etwas plüschigen Lokal angekommen, führte er mich zielstrebig zu einem runden Tisch in einer Ecke. Offenbar war er hier ein häufiger Gast, er warf dem Kellner unsere Mäntel zu, wechselte mit ihm ein paar russische Floskeln und bestellte Tee mit Gebäck für uns beide, noch bevor wir uns hinsetzten.

Nachdem er sich höflich bei mir nach Beruf und Herkunft erkundigt und ich ihm knapp Auskunft gegeben, der Kellner das Bestellte gebracht und vor uns hingestellt hatte, warf er einige Stücke Zucker in seinen Tee, der in

Gläsern im versilberten Einsatz serviert wurde, rührte um und trank in kleinen, schlürfenden Schlückchen. Dann zündete er sich eine Zigarette an, blies den Rauch schräg hoch zur Decke und ließ eine Pause entstehen, wie sie wohl alle Solisten vor dem ersten Akkord einzulegen pflegen.

Dann begann er auf eine merkwürdig in sich hineinlauschende Weise zu erzählen, als begleite seine Worte eine unhörbare Musik. Mir kam Tschaikowsky, ja, Puschkins Eugen Onegin in den Sinn!

Sein hervorragendes Französisch verriet kaum seine russische Herkunft. Wie mit einem Prélude begann die Geschichte mit seiner Jugend in einer mir unbekannten nordrussischen Provinz. Er erzählte von seinem ersten »Instrument«, den auf eine Fensterbank gemalten Klaviertasten, auf denen er seine ersten Fingerübungen machte, bis ihm ein Verwandter aus Sankt Petersburg, das damals noch Leningrad hieß, ein richtiges, wenn auch altes Klavier vermachte. Kurz berichtete er von der harten Schulung in einer sowjetischen Talentschmiede, von seinen ersten Preisen als sehr junger, als Wunderkind gefeierter Pianist, seiner mit großen Schwierigkeiten erlangten Ausreise bis zur Abschlussausbildung hier in Paris.

»Ich hatte damals gerade das Conservatoire abgeschlossen und ging mehrmals wöchentlich zu Konzerten in die Salle Pleyel. Eines Tages fiel mir eine junge Frau auf, die immer am gleichen Platz saß, ganz in meiner Nähe und wie ich auf einem der von uns Studenten begehrten Strapontins, den recht unbequemen Klappstühlen des 2. Balkons. Was mich an ihr faszinierte, war ihre besondere Art, der Musik zu lauschen.

Sie unterschied sich von den übrigen Menschen im Saal, die jenes verzückte Zuhören, verbunden mit dem genussvollen Zeigenwollen, dass sie etwas von Musik verstehen, auf den Gesichtern tragen, während es mir bei ihr so schien, als nähme sie die Musik gar nicht mit dem Gehör in sich auf. Sie hielt die Augen geschlossen, und die Klänge drangen, so hatte es den Anschein, direkt durch die Poren ihrer Haut in ihren Körper ein. In den Pausen zwischen den Musikstücken musste sie wohl meine Blicke bemerkt haben, denn ich stellte fest, dass auch sie mich neugierig musterte.

Eines Tages kamen wir in der Pause ins Gespräch, über Musik natürlich, und nur allmählich begannen wir, da wir beide schüchtern waren, über uns zu reden.

Ich erfuhr, dass sie Caroline Bouvier hieß, das ist der Name der Frau, den Sie vielleicht vorhin auf dem Schildchen im Museum als Leihgeberin des Flügels gelesen haben.

Sie stammte aus einer alteingesessenen katholischen Familie in Aix-en-Provence. Als Fünfjährige gab ihr der Vater, Rektor eines Lyzeums in seiner Heimatstadt, Klavierunterricht, und sie sang schon früh im Kinderchor des Heimatvereins. Eigentlich war sie nicht besonders fürs Klavierspiel begabt, und die Klavierstunden gingen selten ohne Tränen vonstatten. Warum der Vater jedoch so sehr auf der musikalischen Ausbildung bestand, hatte einen ganz bestimmten Grund. Seine Stiefschwester Lise Bouvier hatte unter dem Künstlernamen Louise Delvaux eine außerordentlich erfreuliche Karriere als Sopranistin gemacht, war nach langen Jahren erfolgreichen Gastierens an den berühmten Opernbühnen der Welt nach Paris zurückgekehrt, sang während ihrer letzten Berufsjahre im Palais Garnier – immer noch nostalgisch gefeiert, doch nicht mehr frenetisch bejubelt – diese oder jene ihrer Paraderollen, sie gab Liederabende, erteilte Gesangsunterricht und schrieb eine bemerkenswerte Autobiografie.

Nachdem Caroline ihr Bac bestanden hatte, war für ihren Vater klar, dass sie in Paris Gesang studieren müsse, und so lag es nahe, dass sie in einen freundschaftlichen Kontakt zu der berühmten Tante Louise trat. Die hatte ihr anfänglich einige Gesangsstunden gegeben, doch dann in einem ernsten Gespräch Carolines Vater, ihrem Stiefbruder, freundlich, aber unmissverständlich klargemacht, dass ihre intelligente und sympathische Nichte nicht genügend Talent besäße, um eine Karriere als Sängerin wagen zu können.

Der Vater war tief enttäuscht, doch Caroline empfand, als er ihr die für ihn so bittere Nachricht überbrachte, eine große Erleichterung. Sie hatte an der Sorbonne englische und deutsche Literatur sowie Kunstgeschichte belegt und studierte, vom väterlichen Zwang zur Gesangslaufbahn befreit, ernsthaft, wenn auch ohne besonderen Ehrgeiz, während ihre Beschäftigung mit Musik sich nun ganz auf den Genuss von Opernaufführungen und Konzerten beschränkte, wofür sie von der Tante die sonst für sie unerschwinglichen Eintrittskarten geschenkt bekam.

Dies alles erfuhr ich nicht auf einmal, sondern im Laufe vieler Gespräche, die wir nach Konzerten und ersten Verabredungen führten. Ich stellte fest, dass ich verliebt war. Und ich war verwöhnt genug anzunehmen, dass ich auf Gegenliebe hoffen durfte.

Caroline war nicht wirklich schön, sie besaß ein einfaches, offenes Gesicht mit Sommersprossen um die Nase herum und ein reizvolles Lachen. Es war anfangs eine sehr romantische, rührend unschuldige Beziehung, die allmählich immer vertrauter wurde. Ich war nie ganz sicher, ob auch sie in mich verliebt war, ich hoffte es, wünschte es, bis ich sie eines Tages dazu brachte, mich in meiner Studentenbude in der Nähe der Cour de Rome zu besuchen, die sich in einem alten Haus unweit des Bahnhofs Saint Lazare befand. Die Wohnungen darin wurden direkt vom Conservatoire an Musikstudenten vergeben, die auf den verschiedensten Instrumenten bis in die Nacht hinein üben konnten, ohne dass Nachbarn dagegen protestierten.

An der einzigen geraden Wand meiner Mansarde stand ein altes Klavier. Ich spielte Caroline einige ihrer Lieblingsstücke vor, Chopin, Tschaikowsky, Schumann. Da kein anderes bequemes Sitzmöbel da war, hatte sie sich auf die Bettkante gesetzt. Als ich einmal den Kopf zu ihr wandte, bemerkte ich, dass sie wieder in jener Haltung des Musikaufnehmens war, die mir seit den Anfängen in der Salle Pleyel so lieb geworden war. Den Kopf hielt sie in den Nacken gelegt, und um ihre leicht geöffneten Lippen spielte ein gelöstes Lächeln. Es dämmerte früh an jenem Wintertag. Ich hörte zu spielen auf, ging leise zu ihr hinüber und küsste sie. Während ich sie entkleidete, öffnete sie nicht die Augen.

Später hatte sie in der Dunkelheit ihren Kopf auf meine Schulter gelegt, und ich merkte, dass sie weinte. Ich wollte Licht machen, aber sie hielt mich zurück. Sie gestand mir schluchzend, dass ich ihr Angst eingeflößt hatte mit der drängenden Gewalt der körperlichen Liebe, so ähnlich drückte sie sich aus, und ich verstand allmählich, was sie meinte, dass nämlich ihre Liebe der Musik, auch wohl dem Interpreten, nicht aber dem Mann galt. Ich war verletzt, sie hingegen versicherte mir immer wieder, dass ich für sie ein Idol sei, an das nichts auf der Welt heranreichen könne, und dass dieses Gefühl für sie unendlich kostbarer sei als eine letztlich doch banale sexuelle Beziehung.

In der nächsten Zeit versuchte ich, mich von ihr zu lösen, aber es gelang mir nicht. Sie beschwor mich, dass ich mich auf unsere wunderbare Seelenfreundschaft einlassen möge, aufgebaut auf dem starken Fundament unserer gemeinsamen Liebe zur Musik.

Ich erhielt bald darauf ein Stipendium in Wien, ging dann in ein Engagement an einer deutschen Oper. Ich schrieb ihr weiterhin Briefe, die sie immer seltener beantwortete, bis sie für lange Zeit ganz verstummte. Später erfuhr ich in unseren Gesprächen nach meiner Rückkehr und aus ihren Briefen, die sie mir danach wieder schrieb, die unglückliche Geschichte der dazwischen liegenden Zeit.

Caroline war im vierten Semester, als ihr auf einem der berühmten Künstlerfeste auf dem Montmartre, die damals noch im Schwange waren, ein Mann auffiel. Während sich die Mehrzahl der mit wenig Mitteln, aber fantasievoll kostümierten Studenten und Künstler in den Festtrubel stürzte, bemerkte Caroline den nur andeutungsweise als Scheich verkleideten, gut aussehenden jungen Mann mit einem kantigen, männlichen Gesicht, der anfangs seine frühzeitige Glatze unter einem arabischen Kopftuch versteckt hatte und der nicht tanzte, sondern rauchend und mäßig amüsiert die ausgelassene Gesellschaft beobachtete.

Caroline trat zu dem erstaunt aufblickenden jungen Mann und bat ihn, obwohl sie gar nicht rauchte, um eine Zigarette. Sie hockte sich zu ihm, und sie begannen ein Gespräch. Es stellte sich heraus, dass er Dominique hieß, mit einem sehr berühmten Nachnamen. Ja, er war in der Tat der Sohn des berühmten Philosophen. Auch er hatte Philosophie studiert, dann aber das Studium abgebrochen, um Maler zu werden.

›Noch nicht besonders erfolgreich‹, gab er zu. Wie beiläufig zeigte er auf einige großflächige Leintücher der Wanddekoration mit mehr oder weniger deftigen Karnevalsszenen venezianischen Kolorits.

›Meine letzten Werke‹, warf er ohne Stolz hin. Caroline war beeindruckt, und Dominique sah sie lächelnd an. Sie trug ein Kolombine-Kostüm, das Tante Louise ihr aus ihrem privaten Fundus geliehen hatte. Das Fest hatte den Höhepunkt überschritten. Ihre Unterhaltung war ins Stocken geraten. Dominique schaute ihr abschätzend in die Augen. Caroline merkte, wie sie errötete. Er streckte unvermittelt seine kräftige Hand aus: ›Geh'n wir?‹ Ohne ihre Antwort abzuwarten, stand er auf und zog sie auf die Füße. An der Garderobe suchten sie lange nach ihren Mänteln, dann traten sie in die kalte Nacht hinaus. In viel zu leichten Schuhen stapften beide durch den Schneematsch, der vom üppigen Schneefall der letzten Tage übrig geblieben war.

›Gehen wir zu mir oder zu dir?‹ fragte Dominique. ›Zu mir, es ist nicht weit‹, erwiderte Caroline und hängte sich bei ihm ein. Als sie vor ihrer Haustür ankamen, merkte

Caroline, dass sie ihren Hausschlüssel vergessen hatte, und ihre Zimmerwirtin war aufs Land zu Verwandten gefahren. ›Dann gehen wir eben zu mir, aber das ist leider ziemlich weit.‹ Sie liefen zuerst noch lachend und rutschend den Weg vom Montmartre herunter und kamen nach über einer halben Stunde mit nassen und vor Kälte gefühllos gewordenen Füßen bei seiner Wohnung im Marais an. Lange rieben sie sich gegenseitig ihre erstarrten Füße, tranken Glühwein, und obwohl sie beide todmüde waren, liebten sie sich eher selbstverständlich als leidenschaftlich.

Am Morgen wachten beide sehr erkältet, schwitzend und hustend auf, drei Tage lang verließen sie das Bett nicht, und fünf Wochen später standen beide vor dem Standesbeamten im Rathaus des 3. Arrondissements in der Rue Perrée.

Caroline hatte ihre Eltern nicht eingeweiht, doch Tante Louise hatte sich spontan bereit erklärt, Trauzeugin zu sein. Dominique hatte am selben Morgen Mickey, einen amerikanischen Malerkollegen irischer Herkunft, aus dem Bett getrommelt, der, als er verspätet und noch völlig betrunken auftauchte, als erstes nach der Toilette fragte. Der Standesbeamte schaute laufend auf seine Armbanduhr, die er am rechten Handgelenk trug, da ihm der linke Arm fehlte. Am Revers seiner abgetragenen, glänzenden dunklen Jacke trug er das kleine rote Bändchen der Legion und über der Brusttasche ein gestreiftes Ordensband mit einer goldenen Medaille. Mickey, der betrunkene Maler, konnte sich über den fehlenden Arm des armen Beamten gar nicht beruhigen und fragte immer wieder, ob solch eine einarmige Zeremonie überhaupt gültig sei. Als er laut und falsch: ›Here comes the bride …‹ zu grölen begann, drohte der Beamte, alle vier hinauszuwerfen, kürzte die Zeremonie aufs Notwendigste ab und winkte die nächste, personenreiche Hochzeitsgesellschaft herein.

Tante Louise hatte ein kleines Hochzeitsessen in ihrer Wohnung herrichten lassen, danach brach das Brautpaar zur Hochzeitsreise auf, die nach Venedig führen sollte, aber schon nach einer knappen Stunde in Fontainebleau endete, weil Dominiques alter Citroën dort seinen Geist aufgab. –

Es stellte sich sehr schnell heraus, dass die Heirat ein Fehler war. Dominique arbeitete so gut wie gar nicht. Tagelang konnte er rauchend und trinkend vor einer großen, leeren, Leinwand sitzen, ohne auch nur einen Pinselstrich zu tun, und ausdauernd über den ›horror vacui‹ philosophieren. Caroline begriff zu spät, dass Dominique Alkoholiker war. Und wenn er betrunken war, kam es immer häufiger vor, dass er sie schlug. In den wenigen nüchternen Momenten entschuldigte er sich weinend. Am Anfang endeten solche Versöhnungen im Bett, aber auch das war weniger und weniger der Fall.«

Sascha Panfilov machte eine Pause, trank von seinem Tee, zündete eine Zigarette an, schaute dem blauen Rauch nach und sagte lächelnd: »Ich sollte weniger rauchen.« Dann fragte er plötzlich: »Ich langweile Sie doch nicht?« Ich wehrte ab: »Um Gottes willen nein, sprechen Sie weiter!«, und ein wenig schmeichelnd fügte ich hinzu: »Sie erzählen so gut, wie Sie Klavier spielen, wenn Sie das nicht beleidigt!« Mit einem graziösen Nicken akzeptierte er das Kompliment und fuhr fort:

»Ich hatte nie aufgehört, Caroline zu schreiben. Am Opernhaus einer deutschen Stadt hatte ich inzwischen ein Engagement als Kapellmeister angenommen, berichtete Caroline stolz von meinen ersten Erfolgen und fügte Kritiken aus deutschen Zeitungen bei, da sie ja ganz gut Deutsch sprach.

Eines Tages erschien Caroline, weinend und durch rote Schwellungen im Gesicht entstellt, bei Tante Louise. Dominique hatte meine Briefe gefunden und gelesen und sie am Ende einer ebenso unbegründeten wie erniedrigenden Eifersuchtsszene sogar geschlagen. Danach kehrte Caroline nicht mehr in Dominiques Wohnung zurück. Sie blieb für einige Tage bei Louise, die ihr ganz entschieden zur Scheidung riet, und erst jetzt gestand ihr Caroline, dass sie schwanger war. ›Du darfst das Kind nicht bekommen, nicht von diesem Säufer!‹ entschied Tante Louise, und sie fuhr noch am gleichen Tag mit Caroline in deren kleinem Peugeot in die Klinik eines Freundes außerhalb von Paris. Der Arzt war auch der Meinung, dass dies ein Fall war, der einen Schwangerschaftsabbruch rechtfertigte.

Ein halbes Jahr später war Caroline geschieden. Kurze Zeit danach erhielt ich wieder Briefe von ihr, in denen sie mir ihre verunglückte Beziehung schilderte.

Während ihrer kurzen Ehe war der Kontakt mit ihrer früheren Vermieterin nie abgebrochen. So konnte sie die ihr lieb gewordene Studentenbude auf dem Montmartre wieder beziehen und lebte ein bescheidenes Junggesellinnenleben. Für sie war, wie sie sagte, das Kapitel Männer erledigt. Sie machte sich wohl nicht klar, dass sie mich mit diesem Geständnis verletzte, obwohl ich ihr andererseits für ihr unverändertes Vertrauen dankbar war.

Seit ihrer Trennung von Dominique war die Beziehung zu Tante Louise viel inniger geworden. Die alternde Sängerin lebte seit mehreren Jahren allein in der riesigen Wohnung in der prachtvollen Avenue Henri Martin im noblen Teil des »Seizième«, des 16. Arrondissements.

Louises Mann Dimitrios – ich komme nicht auf seinen Familiennamen, nicht Landuris, warten Sie, ich glaube Gulandris, ja, Gulandris – stammte aus einer alten Familie griechischer Reeder und war in jungen Jahren einmal ›reicher als Niarchos und dieser schreckliche neureiche Onassis zusammen‹, wie Tante Louise versicherte. Das Haus hatte der Großvater ihres Mannes in den achtziger Jahren des letzten Jahrhunderts im üblichen pompösen Stil der Gründerjahre erbaut. Dessen Sohn hatte das Haus verkauft und nur den eleganten, repräsentativen ersten Stock behalten, mit sieben, acht Meter hohen, in den vorderen Teil des zweiten Stockwerks hochragenden Mauern mit protzig vergoldeten Stuckdecken, riesigen Kaminen aus Marmor mit vergoldeten Bronzereliefs in den Repräsentationsräumen.

Louise hatte sich zurückgezogen und pflegte keinen gesellschaftlichen Umgang mehr, seit ihr Mann Dimitrios bei einem Flugzeugabsturz auf einer Antilleninsel ums Leben gekommen war. Tante Louise konnte stundenlang von der glücklichen Ehe mit ihrem Mann erzählen, als er, nachdem er die Reederei seiner Vorfahren an einen Konkurrenten verkauft hatte, ihr zu ihren Engagements überall in der Welt gefolgt war, sie verwöhnte und beschenkte und sie fast keinen Tag allein ließ. Sie gestand Caroline auch, dass er, obwohl viel älter als sie, bis zuletzt ein wunderbarer Liebhaber gewesen war.

Caroline besuchte ihre Tante, deren Ehe kinderlos geblieben war, regelmäßig, wenn sie nicht gerade einen Auftritt hatte, was nun auch immer seltener geschah, denn Tante Louise wurde krank. Ihre Stimme war noch erstaunlich intakt, aber sie bekam, zu früh für ihr Alter, lästige Beschwerden. Sie hatte an beiden Augen den grauen Star, doch scheute sie die Operation. Auch hatte sie, obwohl man sie schon als junge Sängerin als korpulent bezeichnen konnte, stark zugenommen, was ihr nun Schwierigkeiten beim Gehen verursachte. So war es immer öfter Caroline, die sich anbot, ihrer Tante vorzulesen oder sie zu begleiten, wenn sie das Haus verließ. Sie tat das gerne, denn sie liebte die Gespräche mit Louise, wenn es auch eher Monologe waren, die aus ihr hervorsprudelten. Und sie hatte ja auch viel zu erzählen. Caroline hatte Tante Louises Autobiografie aufmerksam gelesen, so konnte sie genaue Fragen stellen, doch das größte Vergnügen Louises bestand darin, Caroline zu beichten, wann und wo sie in ihrem Buch »geflunkert« hatte. So kamen denn recht pikante Abenteuer aus ihrer Jugend, Einzelheiten und Geständnisse zutage. Und Caroline war ein gutes Publikum.

Eines Tages hatte Tante Louise sich von einer Freundin überreden lassen, eine Abmagerungskur zu machen. Sie empfahl ihr ein berühmtes Sanatorium auf einer der balearischen oder kanarischen Inseln, dessen Kuren als drakonisch und sehr teuer bekannt waren. Kurze Zeit später erhielt Louise das Angebot des Sanatoriums, dass man es sich in Anbetracht der Prominenz der »Primadonna« als Ehre anrechnen würde, wenn sie die Einladung zu der dreiwöchigen Kur – ohne jede Bezahlung versteht sich –

annehmen würde. Nach einigem Zögern sagte sie zu. Caroline hatte Tante Louise zum Flughafen Orly begleitet und nach einer Woche eine merkwürdig deprimiert klingende Nachricht von ihr auf einer Postkarte erhalten. Diese sollte das letzte Lebenszeichen bleiben. Caroline erfuhr durch eine Schlagzeile des France-Soir (›Zu Tode gehungert!‹), dass eine ›große Stimme für immer verstummt‹ sei. Sie konnte es nicht fassen. Eine ganze Woche lang folgten in derselben Zeitung und in einschlägigen Magazinen Enthüllungen über die ›Todesklinik des Dr. Y.‹ und dessen arme Opfer.

Beim Begräbnis stand Caroline in der ersten Reihe am Grab auf dem alten Fiedhof von Aix-en-Provence. Als sich die riesige Trauergemeinde verlief, war ein grau melierter Herr auf Caroline zugetreten, hatte sich ihr als Maître Bernardeau, Notar und Rechtsanwalt, vorgestellt und erklärt, dass er der Testamentsvollstrecker ihrer Tante sei und sie bitte, in den nächsten Tagen in seiner Kanzlei in Paris vorbeizuschauen.

Caroline war nicht wenig erstaunt, als der Notar ihr eröffnete, dass sie von ihrer Tante die Wohnung in der Avenue Henri-Martin geerbt hatte. Und zwar mit allen antiken Möbeln, kostbaren Gemälden und Teppichen, einer riesigen Bibliothek mit schönen alten ledergebundenen Büchern, aber auch mit hässlichen Stapeln zerfledderter Partituren, mit Schachteln voller alter Fanpost, mit getrockneten Blumensträußen und ganzen Schränken voller Geschenke und Erinnerungen aus aller Herren Länder.

Caroline hatte vorher nie alle Räume der Wohnung gesehen. Sie beriet sich mit dem Notar, denn sie konnte sich zuerst nicht vorstellen, dass sie die Wohnung selbst hätte bewohnen können. Sie fühlte sich eigentlich wohl in ihrer Studentenwohnung, aber der Anwalt rechnete ihr vor, dass sie als Eigentümerin einer großen Wohnung die Miete sparen und selbst einen Teil der Wohnung vermieten könnte. Von einem Verkauf der kostbaren Immobilie rate er angesichts der Baisse auf dem Wohnungsmarkt dringend ab.

Caroline ließ sich überzeugen. Die wertvollen Gemälde, meist düstere alte Holländer, denen sie nichts abgewinnen konnte, gab sie bei einem seriösen Galeristen am Quai Voltaire zum Verkauf, nahm selbst einige Male an den Versteigerungen der Bilder in der Salle Drouot teil, staunte über die Unsummen, die geboten und gezahlt wurden, und stellte zuerst ungläubig, dann beglückt fest, dass sie wohlhabend, ja, sogar reich geworden war.

Sie vermietete anfangs den hinteren Teil der Wohnung, der zum Garten hinaus lag, und bewohnte die Räume zur Straßenseite, deren einer das Musikzimmer war. Dort, in einem erhöhten Alkoven, thronte auch das wertvollste Möbelstück der ganzen Wohnung, jener alte, wertvolle Flügel, den Sie eben im Museum gesehen haben. Dimitrios hatte das Instrument in Louises großer Zeit als Sopranistin in einem berühmten englischen Auktionshaus für eine Rekordsumme ersteigert, um es ihr anlässlich ihrer umjubelten »Norma« in der Royal Opera am Covent Garden zu schenken.

Tante Louise, früher selbst eine passable Pianistin, hatte nach dem Tod ihres Mannes den Flügel nie mehr angerührt, und so hatte das Instrument jahrelang ein stummes Dasein als Reliquie geführt und war natürlich so verstimmt, dass es, wenn einmal jemand unerlaubt oder unbedacht in seine Tasten griff, nur jämmerliche Töne hervorbrachte.

Caroline gewöhnte sich bald an ihr sorgloses Leben. Der Besitz der Wohnung hatte es mit sich gebracht, dass ihr Freundeskreis rasch anwuchs. Sie hatte auch nicht mehr vermietet, nachdem sie mit ihrer ersten Untermieterin schlechte Erfahrungen gemacht hatte. Regelmäßig gab sie Abendessen, Musikabende und Partys.

Ich lebte seit einiger Zeit wieder in Paris, wo ich allerdings keine Wohnung unterhielt, sondern auf Anraten meiner Konzertagentur, wohl aus Steuergründen, in einer Suite des »Plaza Athenée« residierte. Als ich mich eines Tages wieder bei Caroline meldete, lud sie mich zu einem besonderen Abendempfang ein, an dem, wie ich erst später erfuhr, auch musiziert werden sollte. Sie hatte sich ausgedacht, dass ich mich sicher nicht zieren würde, für ihre Gäste ›eine Probe meiner Kunst‹ zu geben.

Hierzu war es nötig geworden, den Flügel stimmen zu lassen. Caroline erinnerte sich eines Klavierstimmers, von dem ihr Tante Louise einmal erzählt hatte. Der Mann war, wie viele Klavierstimmer, blind. Als er vor Jahren zum ersten Mal zu ihrer Tante gekommen war, erschien er in Begleitung eines Mannes, der ihn führte. Diesem habe die Tante danach jedes Mal für seine menschenfreundliche Tätigkeit ein Trinkgeld zugesteckt.

Beim Stimmen sei sie selbst nie dabei gewesen. Bis sie einige Jahre später, während im Musikzimmer der Flügel gestimmt wurde, zufällig hineingeschaut hatte. Wie groß war ihre Überraschung gewesen, als sie feststellte, dass nicht der Blinde, sondern dessen Begleiter der Klavierstimmer war. Louise habe diesen diskret gefragt und erfahren, dass sein blinder Freund früher selbst ein begehrter Klavierstimmer gewesen sei, bis er, im Alter taub geworden, seinen Beruf nicht mehr hätte ausüben können, und so füttere er ihn eben auf diese Weise durch.

Caroline suchte die Adresse des Klavierstimmers in Tante Louises Adressbuch, aber die angegebene Telefonnummer war nicht mehr aktiv. Wenig später, auf gut Glück im Anzeigenteil einer Zeitung blätternd, fand sie ein etwas ungewöhnliches Inserat:

Verstimmt? Das muss nicht so bleiben!
Bin staatlich geprüfter Klavierstimmer
für Klavier, Konzertflügel, Spinett, Harfe.
Termine auf Verabredung. Bitte rufen Sie
mich an! Tel. 452 88 71.

Caroline fand die Annonce zuerst nicht sehr seriös, aber dann schien sie ihr doch recht humorvoll, mit ihrem sinnfälligen Wortspiel. Ein paar Tage vor dem geplanten Abend verabredete sie sich telefonisch mit dem Klavierstimmer, der sich am Morgen des Festes bei ihr einstellte.

Sie war überrascht, als sie den Mann mit einer winzigen schwarzen Ledertasche vor der Tür stehen sah. Er war eher klein und hatte lange, bis auf die Schulter reichende dunkelblonde Haare, die von grauen Fäden durchzogen waren.

›Guten Morgen, Sie hatten mich bestellt‹, sagte er leise.

›Sind Sie der Klavierstimmer?‹ fragte Caroline, wobei sie sich über ihre Frage wunderte, denn wer anders hätte es sein können. Er nickte, und eine kleine Geste mit den

Händen besagte: ›Wer sonst‹, er sagte dann aber artig und etwas altmodisch klingend:

›Ganz recht, Monsieur Perrin der Name, Lionel Perrin‹, und als er fragte: ›Na, wo haben wir denn den Verstimmten?‹, klang es eher wie ein Arzt, der sich nach einem Patienten erkundigt, dachte Caroline, und das stimmte ja auch, der Flügel war sein Patient.

Als der Mann ins Musikzimmer trat, blieb er wie angewurzelt stehen, stellte seine Tasche ab und rief, dabei in die Hände klatschend: ›Aber das ist ja eine Schönheit! Ein wahres Museumsstück. Gibt dieses Monstrum denn überhaupt noch einen Ton von sich?‹ Der seltsame Besucher zog den Mantel aus, faltete ihn sorgfältig zusammen und legte ihn über eine Stuhllehne. Dann nahm er seine Tasche und ging ehrfürchtig um den Flügel herum. ›Bitte, verzeihen Sie mir, dass ich Sie Monstrum genannt habe! Sie sind ja ein Schmuckstück, eine Seltenheit!‹

Er konnte sich anscheinend gar nicht beruhigen. Caroline musste lachen. Der Mann siezte ihren Flügel. Jetzt trat er näher an das Instrument heran, streichelte die gemalten Szenen und murmelte dabei: ›Wunderbar, wunderbar!‹ Er öffnete vorsichtig den Deckel des lang gestreckten Flügels, um das Innenleben des Instruments zu betrachten. Jetzt wurde seine Miene ganz traurig, seine Stimme klang enttäuscht, als er ausrief:

›Aber du bist ja ein kleiner Bastard!‹ Auf einmal duzte er, was er zuerst so bewundernd gesiezt hatte. ›Was sage ich? Ein großer Bastard! – Verzeihen Sie, gnädige Frau!‹ wandte er sich an Caroline. ›Ich meine damit, dass das Innere mit dem Gehäuse nicht übereinstimmt. Es ist die Hülle eines Pianoforte-Flügels von Erard, Ende 18. Jahrhundert, wohingegen der ursprüngliche hölzerne Saitenrahmen irgendwann einmal ausgebaut und gegen einen Metallrahmen ausgetauscht wurde. Dazu musste man das Gehäuse verbreitern, denn die den Spinetten nachempfundenen frühen Pianoforti waren schmaler als die späteren Flügel. Der Spannrahmen sieht nach einer englischen Arbeit aus, von Broadwood wahrscheinlich, ich schätze Anfang dieses Jahrhunderts. Könnte auch Steinway sein, bei dem aber die Streben, die dem enormen Druck der gespannten Saiten Widerstand leisten, nicht mehr parallel laufen. Vielleicht doch eher Broadwood, wie es diese einzelne, kräftige diagonale Strebe vermuten lässt, sehen Sie hier! – Das Hammerwerk allerdings könnte wieder von Erard stammen und wohl noch etwas später hier in Paris eingebaut worden sein – Wie gesagt, entschuldigen Sie, klangmäßig will das nichts heißen, im Gegenteil! Ein gutes, altes Gehäuse, ein sehr guter Metallrahmen, und ein modernes Hammerwerk, das kann interessant sein!‹ Damit ging er an die Klaviaturseite, zog den Schemel heran, schraubte ihn mit flinken Drehungen hoch, stieg hinauf und setzte sich zurecht, während er gewandt eine Drehung hin zur Tastatur vollführte. Dann öffnete er den Klavierdeckel über der Tastatur.

›Was habe ich gesagt?‹ rief er, ›Broadwood, London. Das Jahr steht nicht dran, aber ich schätze den Rahmen auf über achtzig Jahre.‹ Bevor er in die Tasten griff, rieb er ausgiebig seine kräftigen, kurzfingrigen Hände. Dann der erste Akkord. Wieder jener leidende Ausdruck in seinem Gesicht. Er ließ die Hände in den Schoß sinken.

›Das ist ja schrecklich‹, seufzte er, ›wann ist der Bursche denn zum letzten Mal gestimmt worden? Wissen Sie das?‹ wandte er sich an Caroline, die am anderen Ende des Flügels stand und das merkwürdige Getue des kleinen Mannes faszinierend fand.

›Ich weiß nicht. Er gehörte meiner Tante, der Opernsängerin Louise Delvaux. Leider kann ich sie nicht mehr fragen, denn sie ist gestorben.‹

›Louise Delvaux? Louise Delvaux!! Dieser Flügel gehörte der göttlichen Louise?‹

Caroline fragte neugierig:

›Sie kannten sie?‹ ›Nicht persönlich, aber ich habe sie sehr oft in der Oper erlebt, und ich habe die meisten Plattenaufnahmen von ihr!‹ Damit stieg er vom Hocker, nahm die Stimmutensilien aus seiner schwarzen Ledertasche und wandte sich dem Flügel zu:

›Dann wollen wir mal. Es wird ein wenig wehtun, nach so langer Zeit wieder unter Hochspannung gesetzt zu werden! Aber keine Angst, ich werde keine Gewalt anwenden. – Ich muss Sie darauf aufmerksam machen, gnädige Frau‹, sagte er über die Schulter, ›dass nach einer so langen Abstinenz dieses erste Stimmen wahrscheinlich nicht lange vorhalten wird, manchmal hält es sogar nur wenige Stunden. Bei einem Flügel ist es so ähnlich wie in der Liebe: fehlt der Gebrauch und die Erhaltung der Spannung, kann keine dauerhafte Harmonie entstehen.‹ Er sprach das französische Wort für Flügel, ›Piano à queue‹, so zweideutig aus, dass Caroline fühlte, wie sie errötete. Sie fand den Vergleich unschicklich und zog sich etwas verwirrt in die Küche zurück, um Vorbereitungen für den Abend zu treffen. Bald hörte sie aus dem Musikzimmer das monotone Klimpern des Klavierstimmens.

Nach über drei Stunden verstummten die Stimmgeräusche, und Monsieur Perrin, Lionel Perrin, so hatte sie verstanden, begann zu spielen, und zwar ganz passabel zu spielen, soviel konnte Caroline feststellen. Er begann mit einiger Bravour bei Liszt, kam dann zu Mozart, den er sicher und einfühlsam interpretierte, und schien auch Leichteres nicht zu verschmähen, denn bald spielte er auch Operettiges, Jazzrhythmen und flotte Schlager. Das war für Caroline das Zeichen, sich in der Tür zum Musikzimmer zu zeigen. Vielleicht würde der gut gelaunt Musizierende dies als Wink zum Beenden seiner Arbeit begreifen. Er schaute hoch, nickte Caroline mit einem entschuldigenden Lächeln zu und spielte sein Stück effektvoll zu Ende. Dann fragte er: ›Ist es für den Hausgebrauch, oder soll ernsthaft darauf musiziert werden?‹ Caroline versuchte, bescheiden zu klingen: ›Eher das Zweite. Ich habe für heute Abend einen mir bekannten Konzertpianisten eingeladen. Aber Sie, für einen – Klavierstimmer spielen Sie ausgezeichnet!‹ Monsieur Lionel zuckte etwas beleidigt zusammen:

›Es war keine leichte Arbeit, aber doch auch ein großes Vergnügen! Wir haben uns zusammengerauft, würde ich sagen.‹ Damit gab er dem Flügel einen letzten liebevollen Klaps und stieg mit einer behenden Drehung vom Klavierhocker. Es war Caroline merkwürdig peinlich, ihn nach seinem Honorar zu fragen, und sie atmete erleichtert auf, als er sagte: ›Ich schicke Ihnen eine Rechnung, aber erst, wenn Sie mir sagen, ob Ihr Pianist mit dem Instrument zufrieden war.‹ Er ging noch einmal händereibend um den Flügel herum, packte seine Stimminstrumente in die kleine Tasche und ging zur Tür. Dort drehte er sich noch einmal um und rief, zum Flügel gewandt: ›Mach mir keine Schande heute Abend, mein Junge!‹

Als Caroline sich an der Wohnungstür von ihm verabschiedete, küsste er ihre Hand. Sie schaute von oben auf seinen Scheitel und sah einen tonsurartigen, kahlen Kreis in seiner Mähne, deren Strähnen herabfielen und ihre Hand kitzelten, so dass sie ein nervöses Auflachen nicht unterdrücken konnte. Er blickte erstaunt hoch und sagte mit einem etwas anzüglichen Lächeln:

›Es war mir ein Vergnügen!‹ Caroline schloß die Tür hinter ihm und lächelte ihrerseits: ›Ein komischer Kauz!‹ Aber vermutlich waren alle Klavierstimmer seltsame Typen, die einen frustriert darüber, einen so monotonen Beruf zu haben, während sie sich für Künstler hielten, die anderen durch eben diese Tätigkeit zu wunderlichen Einzelgängern geworden, wie dieser merkwürdige Lionel Perrin.

Für den Abend hatte Caroline eine ausgewählte Schar von Freunden und musikalisch interessierten Bekannten eingeladen. Ich fand sie sehr verändert, seit wir uns zuletzt gesehen hatten. Ich wusste nicht, ob zu ihrem Vorteil, obwohl sie mir reifer und hübscher erschien. Sie bewegte sich sehr selbstbewusst unter ihren Gästen. Ich war wohl etwas enttäuscht, weil der ganze Aufwand des Abends so vielen Leuten galt, die ich nicht kannte. Ich hatte insgeheim gehofft, dass sie unseren ersten gemeinsamen Abend nach so langer Zeit mir allein widmen würde.

Dennoch behandelte sie mich als ihren Ehrengast. Sie hatte mich ziemlich bald nach meinem Eintreffen plaudernd ins Musikzimmer geführt und mir den Flügel gezeigt, ohne mir jedoch zu erzählen, dass nach dem

Essen ein Konzert geplant war, das ich bestreiten sollte. Sie hatte Stühle und andere Sitzgelegenheiten ins Musikzimmer bringen lassen und möglichst locker angeordnet, damit nicht allzu sehr der Eindruck eines bevorstehenden musikalischen Ereignisses entstehen sollte.

Im Nebenzimmer hatte sie für das Abendessen mehrere runde Tische festlich gedeckt, die Sitzplätze mit Namenskärtchen versehen, mit Blumen geschmückt und die Kerzen der silbernen Kandelaber angezündet.

Inzwischen waren alle Gäste, wie sie es angemahnt hatte, pünktlich erschienen, standen Champagner trinkend und plaudernd herum, Caroline lud gerade zu Tisch, als es an der Tür klingelte. Wer konnte das noch sein? Caroline hielt den als Hilfe engagierten Filipino zurück und eilte selbst zur Wohnungstür. Draußen stand, in ein schwarzes Cape gehüllt, die langen Haare zum Zopf gebunden, der Klavierstimmer, einen kleinen Blumenstrauß in der einen, das zusammengeknüllte Zellophan in der anderen Hand, und lächelte sie von unten herauf an. Er hielt Caroline den Strauß hin, den sie automatisch entgegennahm. Zum zweiten Mal am heutigen Tag küsste er ihre Hand.

›Ich verstehe nicht‹, sagte sie verwirrt und fragte sich: ›Wie kommt er dazu, ungeladen hierher zu kommen?‹ Sie hatte auch gar keinen Tischplatz mehr. Außerdem war er ein Klavierstimmer und nicht ein Freund, ja, nicht einmal ein Bekannter. Doch sie spürte keine echte Verärgerung und hörte sich freundlich sagen: ›So eine Überraschung! Kommen Sie doch herein!‹

Der kleine Mann ließ sich nicht lange bitten. Er nahm mit einer schwungvollen Geste das Cape von seiner

Schulter und trat an ihr vorbei in die Diele. ›Ich muss Ihnen mein Erscheinen erklären, fürchte ich‹, begann er gewandt, doch Caroline ließ ihn nicht fortfahren und hakte sich unter seinen Arm. ›Das können Sie später tun, aber jetzt muss ich mich um meine Gäste kümmern, kommen Sie.‹ Sie winkte dem Filipino und ließ an ihrem Tisch einen Stuhl hinzustellen und ein Gedeck auflegen. Bevor sie sich an ihren Platz setzte, stellte sie den Überraschungsgast ihren Freunden vor: ›Ich möchte euch einen Freund vorstellen: Monsieur Lionel Perrin, Fachmann für Musikinstrumente.‹

Caroline hatte mich zu ihrer Rechten plaziert. Sie erzählte ihren anderen Gästen von unserer alten Freundschaft, von meinen Erfolgen. Ich sprach auf ihr Drängen von meinen beruflichen Plänen, und mir blieb nicht verborgen, dass Caroline aus den Augenwinkeln Monsieur Lionel, den Klavierstimmer, beobachtete, der sie ab und zu mit einem etwas spöttisch wirkenden Lächeln ansah und ihr auch schon einmal mit einer kleinen Verbeugung zutrank. Er mischte sich bald in die Unterhaltung und brachte die Gesellschaft an unserem Tisch mit seinen Bemerkungen zum Lachen, während ich immer mehr verstummte.

Nach dem Essen hatte Caroline ihre Gäste ins Musikzimmer zum Kaffee gebeten. Sie hatte mich zur Seite genommen und mich zu überreden versucht, ihrer Gesellschaft eine kleine Kostprobe meines Könnens, wie sie sich ausdrückte, zu geben. Damals beging ich die Dummheit, die ich zu Anfang erwähnt hatte.

Ich sagte ihr, dass ich sehr enttäuscht von ihr sei, überhaupt fände ich sie sehr verändert, es sei wohl der neue

Wohlstand, der diese Veränderung verursacht habe, die mich veranlasste, in leisem, aber bestimmtem Ton ihr Ansinnen zurückzuweisen, zumal sie es mir nicht vorher mitgeteilt hatte. Dann verabschiedete ich mich kurz angebunden und ging.«

Während des letzten Teils seiner Erzählung hatte Sascha Panfilov einige Male verstohlen auf die Uhr geschaut. Jetzt setzte er eine etwas gespielt verzweifelte Miene auf und sagte:

»Um Gottes willen, ich habe mich verplaudert. Ich habe heute Abend eine Aufnahme im Rundfunk und muss wenigstens noch eine Stunde das Programm durchgehen. Ich fürchte, ich habe Sie gelangweilt, ich hätte mich kürzer fassen müssen.« Ich versicherte, und meinte es ganz ehrlich, dass mich seine Geschichte fasziniert habe und dass auch mir die Zeit wie im Fluge verstrichen schien. »Wenn es Sie wirklich interessiert«, fuhr er fort, »wäre es mir ein Vergnügen, Ihnen das Ende der Geschichte zu erzählen.«

Er hatte die Bedienung herangewinkt, die Rechnung bezahlt und war aufgestanden. Er verabschiedete sich eilig, aber doch mit großer Herzlichkeit.

Ich hörte längere Zeit nichts mehr von ihm und hatte selbst nicht den Mut, mich bei ihm zu melden. Einmal sah ich ihn bei einem offiziellen Empfang, wir winkten uns von weitem zu, hatten aber keine Gelegenheit für ein Gespräch oder uns auch nur zu begrüßen. So hatte ich schon die Hoffnung aufgegeben, jemals die Geschichte zu Ende zu hören.

Als ich mich ein gutes halbes Jahr später in Cannes aufhielt, las ich eines Tages in der Zeitung einen Bericht über

Aix-en-Provence, wo gerade das Festival d'Art Lyrique, das jährliche Opernfestival, stattfand, und mir fiel die Ankündigung eines Klavierkonzerts der Lyoner Symphoniker ins Auge, Solist Sascha Panfilov. Sascha in Aix-en-Provence. Ausgerechnet in Aix!

Am folgenden Tag versuchte ich über verschiedene Kanäle, eine Eintrittskarte zu erwerben für das Konzert, das an einem Sonntagnachmittag nicht wie üblich im Hof des Rathauses, sondern im Théâtre de l'Archevêché stattfinden würde, aber das Konzert war hoffnungslos ausverkauft. Kurzerhand nahm ich einen Mietwagen und fuhr nach Aix. Im Hotel Villa Gallici, einer italienisch anmutenden Villa, die auf einem Hügel oberhalb der Altstadt lag, fand ich mit Mühe ein kleines Zimmer. Aber selbst mit der Anspielung auf ein größeres Trinkgeld konnte ich durch den Portier keine Eintrittskarte zu dem Konzert bekommen. So schlenderte ich schon bald nach dem Mittagessen hinunter in die Altstadt zum Erzbischöflichen Palais, in dessen Innenhof die abendlichen Festival-Veranstaltungen stattfinden.

Auf dem von Menschen wimmelnden Vorplatz stand eine lange Schlange von Studenten vor der Kasse. Ich schaute mich um, ob jemand eine Eintrittskarte zum Verkauf anbot. Nichts. Mir fiel auf, dass ringsherum häufig Russisch gesprochen wurde. Ich drängte mich vor zur Kasse und fragte, ob die Möglichkeit bestünde, noch eine Karte zu ergattern. Die Dame in ihrem kleinen Kontoir zog ein bedauerndes Gesicht:

»Da sehe ich sehr schwarz, Monsieur«, sagte sie, während sie einer stark parfümierten Dame einen Umschlag mit einer vorbestellten Karte aushändigte, den sie aus einem hölzernen Regal zu ihrer Rechten fischte. Ich versuchte aus den Augenwinkeln die Namen auf den verbleibenden Briefumschlägen zu entziffern: Herrn Professor Soundso mit Gattin, Seine Exzellenz von XY und – plötzlich las ich da – meinen eigenen Namen! Ich glaubte an ein Wunder und erfuhr erst im Nachhinein durch Sascha Panfilov selbst des Rätsels Lösung. Er wohnte im gleichen Hotel wie ich, hatte durch Zufall vom Portier bei dessen Versuchen, für mich eine Eintrittskarte zu bekommen, meinen Namen gehört und mir eine Nachricht hinterlassen, die mich aber nicht mehr erreichte, da ich schon auf dem Weg zum Konzert war. In dem Briefumschlag mit der Eintrittskarte war auch eine kurze Nachricht, in der er mir vorschlug, ihn am nächsten Morgen zum Frühstück im Hotel zu treffen, da er für den Abend nach dem Konzert schon verabredet sei ...

Es war heller Nachmittag, und in dem kleinen und sehr heißen Innenhof der Archevêché war das sommerlich bunte Konzertpublikum schon versammelt. Als das Orchester Platz genommen hatte, betrat Sascha gemeinsam mit dem Dirigenten die Bühne. Er sah sehr bleich aus und hatte sich einen Bart wachsen lassen. Er trug kein Jackett, nur ein schwarzes Hemd und eine schwarze Hose. Nach dem Applaus setzte er sich an den Flügel. Es wurde so still, dass man vom Park hinter der Propstei die Grillen zirpen hörte.

Obwohl ich aus Saschas Erzählung wusste, dass er und Caroline zuletzt im Unfrieden voneinander geschieden waren, konnte ich nicht umhin, mir vorzustellen, dass Caroline, die ihre Sommerferien vielleicht immer noch bei ihrer Familie in Aix verbrachte, sich dieses Konzert nicht entgehen lassen würde. Zudem hatte Sascha auf seiner Nachricht hinterlassen, dass er nach dem Konzert eine Verabredung hatte. Mit Caroline? Ich sah mich im Publikum um, denn Sascha hatte mir seinerzeit Caroline doch recht genau beschrieben. Doch ich konnte in dem recht überschaubaren Publikum keine Frau ausmachen, auf die Saschas Beschreibung gepasst hätte. Ich gebe zu, dass ich dem Konzert nicht mit größter Aufmerksamkeit folgte. Mir tat Sascha ein wenig Leid, der an diesem heißen Nachmittag sicher Ströme von Schweiß vergießen musste.

Ich war sogar versucht, nach dem Konzert zum Künstlereingang zu gehen, um vielleicht ein Zusammentreffen mit der Heldin von Saschas Geschichte heimlich zu beobachten, aber ich unterdrückte diese indiskrete Neugier und wartete gespannt auf den nächsten Morgen, auf mein Wiedersehen mit Sascha Panfilov.

Sehr früh weckte mich das Zwitschern und Singen der Vögel im Park des Hotels. Es trieb mich schon bald in die Halle hinunter, und zu meiner Überraschung erwartete mich Sascha zeitunglesend in dem kleinen Saal neben der Rezeption. Er sprang auf, begrüßte mich sehr herzlich, kam gleich auf das »schreckliche Konzert in dieser infernalischen Hitze« zu sprechen.

Wir gingen zum Frühstück in den schattigen Garten des Hotels. Ich bedankte mich für seine Eintrittskarte, und Sascha lüftete das Geheimnis, wie es dazu gekommen war. Wir frühstückten ausgiebig, nur gestört von einigen aufdringlichen Wespen, griffen danach fast gleichzeitig zu der ersten Zigarette des Tages, wie wir einander versicherten, und Sascha sprang recht unvermittelt in die

Geschichte, auf deren Fortsetzung ich so lange hatte warten müssen:

»Wo war ich damals stehen geblieben?« Genauso prompt lieferte ich ihm das Stichwort: »Bei dem Abend in Carolines Wohnung ...« »Ach ja! An jenem Abend, an dem ich dummerweise davonlief ... Vielleicht hätte ich die ganze Geschichte, die sich so dramatisch entwickeln sollte, vermeiden können, wäre ich geblieben. Ich muss mich übrigens korrigieren. Ich habe Ihnen nicht ganz die Wahrheit, oder besser: nicht die ganze Wahrheit gesagt, als ich Ihnen erzählte, ich wäre damals in meiner Berufsehre beleidigt von dem Fest weggelaufen. Es war ganz gewöhnliche Eifersucht auf diesen schrecklichen Klavierstimmer. Und ich erfuhr selbst erst sehr viel später die Fortsetzung des denkwürdigen Abends.«

Wir überließen den Frühstückstisch dem abräumenden Kellner und setzten uns an einen kleinen Gartentisch mit bequemen Korbsesseln. Sorgfältig drückte Sascha seinen Zigarettenstummel aus, lehnte sich in seinem Stuhl zurück und fiel in seine Erzählmelodie, die mich schon beim ersten Mal so fasziniert hatte und die so leicht und fehlerlos klang, als läse er aus einem Buch vor:

»Caroline war, wie sie mir später erzählte, sehr betroffen von meinem brüsken Abschied, sie versuchte, ihre Fassung zurückzugewinnen, und als sie sich wieder ihren Gästen zuwandte, bemerkte sie Monsieur Lionel, der die Szene mit mir nicht nur beobachtet, sondern, wie sein sardonisches Lächeln verriet, auch sehr gut verstanden hatte. Er nickte ihr aufmunternd zu, als wolle er sagen: ›Machen Sie sich nichts daraus, das kriegen wir schon hin!‹, und mit merkwürdig hüpfenden, schnellen Schritten ging er auf den Flügel zu, setzte sich auf den Hocker und begann mit festem Einsatz, der sofort jede Unterhaltung verstummen ließ, zu spielen. Er schaute dabei Caroline an, die ihm mit einem erleichterten Kopfnicken dankte.

Als Monsieur Lionel nach einigen klassischen Stücken zur leichteren Muse überleitete, kam Stimmung auf, Tische und Stühle wurden beiseite geräumt, der große Teppich wurde aufgerollt, und man begann sogar zu tanzen. Caroline strahlte und genoss die Komplimente ihrer Freunde. Lange nach Mitternacht begleitete sie ihre Gäste nach und nach zur Wohnungstür, nur Monsieur Lionel saß immer noch am Flügel und spielte nunmehr leise improvisierend, ›romantisch‹, wie es Caroline selbst beschrieb.

Sie hatte sich vom letzten Gast an der Tür verabschiedet, kam zurück, lehnte sich an das ferne Ende des Flügels und hörte zu. Monsieur Lionel fragte, ohne sein Spiel zu unterbrechen: ›Sind Sie zufrieden?‹ ›Ja, sehr‹, antwortete Caroline lächelnd. ›Ich muss mich bei Ihnen bedanken, Sie haben mir den Abend gerettet.‹

›Das meinte ich nicht, ich wollte wissen, ob Sie mit dem Flügel zufrieden waren. Er hat sich allerdings brav gehalten.‹ –

Caroline ging zu ihm hinüber und schlug eine hohe Taste an. ›Ich glaube, Sie schulden mir dennoch eine Erklärung, warum Sie heute Abend zurückgekommen sind.‹ Lionels Hände auf den gelblichen Elfenbeintasten glitten in eine zarte Melodie, und er sagte, ohne Caroline anzuschauen: ›Ich habe mich heute Morgen verliebt ...‹ Caroline versuchte, ihres Herzklopfens Herrin zu werden: ›Verliebt? In den Flügel? Das verstehe ich, auch ich liebe ihn.‹ – ›In Sie!‹ sagte Lionel, und seine Musik schwoll zu großem Gefühl an.

Lionel blieb diese Nacht in Carolines Wohnung, und er blieb nicht nur die eine Nacht. Eine Woche später zog er mit seiner bescheidenen Habe als Untermieter ein, obwohl von Miete später nie mehr die Rede war. Lionel war ein unterhaltsamer Gesellschafter, und zum ersten Mal war Caroline verliebt und wunschlos glücklich. Doch der schöne Schein trog. Lionel verbrachte bald die Abende und immer öfter ganze Nächte außer Haus. Caroline fürchtete, es gebe da eine andere Frau in Lionels Leben. Doch sie wagte nicht, ihn zu fragen. Es war Lionel selbst, der eines Tages das Geheimnis lüftete. Er bat Caroline um Geld. Es handelte sich um eine so bedeutende Summe, dass er Caroline gestehen musste, es seien Spielschulden. Er versprach ihr, das Geld zurückzuzahlen, obwohl Caroline klar war, dass er dieses Geld gewiss nicht mit Klavierstimmen würde verdienen können. Und davon wurde auch bald nicht mehr gesprochen. Lionel blieb einige Tage bei Caroline, schwor, nie wieder zu spielen, doch dann begann er wieder, die Abende und wenig später ganze Nächte außerhalb zu verbringen. Und Caroline wusste, was er an jenen Abenden und während der Nächte trieb.

So verwunderte es sie auch nicht, als er sie nach einer langen Nacht verzweifelt wieder um eine beträchtliche Summe Geldes bat. Caroline machte einen schwachen Versuch, ihm sein Ansinnen abzuschlagen, aber in diesem Augenblick zeigte Lionel zum ersten Mal sein wahres Gesicht. Er machte ihr mit harten Worten klar, was Spielschulden in Kreisen professioneller Spieler bedeuten und dass beim Überschreiten des Zahlungstermins der sichere Tod drohte. Er verlor alle seine bisher zur Schau gestellte Liebenswürdigkeit. Er verlangte klar heraus, dass Caroline sich wohl von einigen Dingen ihrer reich ausgestatteten Wohnung trennen müsse, wolle sie ihn lebendig wiedersehen. Caroline war verzweifelt, aber sie sah keinen Ausweg. Wenn sie glaubte, den Punkt erreicht zu haben, an dem sie sich die Trennung zutraute, verstand es Lionel, sie mit glänzend gespielten Reueschwüren und Versöhnungen, die sie fast wieder glücklich und voller Hoffnung auf eine Heilung von seiner zerstörerischen Leidenschaft des Glücksspiels zurückließ, wieder umzustimmen.

Doch bald musste Caroline einsehen, dass sich nichts geändert hatte und dass Lionel sein Werk der Plünderung ihres Besitzes mit grausamer Zielstrebigkeit fortsetzte. Er brachte einen nicht gerade Vertrauen erweckenden Antiquitätenhändler ins Haus, der die Gegenstände schätzte und in Kommission nahm, wie er es nannte. Andere bewegliche Gegenstände wie Tafelsilber, Porzellan oder was sonst in der Wohnung noch Wert besaß und relativ leicht zu Geld zu machen war, verschwanden einfach. In wenigen Monaten war die so schön und geschmackvoll eingerichtete Wohnung der Tante Louise ausgeräumt. Nur bei dem wertvollsten Stück, dem Flügel, auf den er es besonders abgesehen hatte und der nun einsam in seinem Alkoven thronte, blieb Caroline unbeugsam.

Lionel verschwand für eine ganze Woche, und als er wieder auftauchte, war die Wohnung verriegelt und Caroline zu ihren Eltern nach Aix-en-Provence gefahren. Sie hatte einen Nervenzusammenbruch erlitten, verbrachte einige Wochen in einer Klinik und erholte sich erst allmählich dank des wohltuenden Klimas der Provence und der liebenden Fürsorge ihrer Mutter.

Als sie nach fast drei Monaten nach Paris zurückkam, fand sie die Wohnungstür zwar verschlossen, es gab aber deutliche Spuren, dass sie gewaltsam geöffnet worden war. Caroline fühlte, wie ihre Knie nachgaben, sie wankte in schlimmer Vorahnung hinüber ins Musikzimmer: Aber der Flügel stand noch an seinem Platz. Dafür waren allerdings die letzten Reste von Silber, Bildern und Möbeln verschwunden. Das einzige verbliebene Bett und die Küche zeigten Spuren, dass in der Zwischenzeit Lionel wohl hier gewohnt hatte. Er blieb verschwunden, und auch Caroline wollte und konnte nicht in dieser Wohnung bleiben. Sie zog in ein kleines Hotel in der Nähe ihrer Studentenwohnung auf dem Montmartre, in dem damals ihre Eltern immer wohnten, wenn sie zu Besuch in Paris weilten.

Caroline fühlte sich schwach und unglücklich. Sie sorgte sich um ihre Zukunft. Sie würde die Wohnung verkaufen müssen. Selbst wenn sie nur einen Teil des eigentlichen Wertes erzielen konnte, würde ihr ein bescheidenes Auskommen für den Rest ihres Lebens garantiert sein. Und dann war ja da noch der Flügel.

Caroline hatte alle ihre Freunde aus den Augen verloren und suchte sie auch nicht. Sie fand Trost in der geliebten Musik und begann wieder, Konzerte zu besuchen. Sie zwang sich, nicht an Lionel zu denken, wenn ihr auch bewusst war, dass er eine tiefe Wunde in ihr hinterlassen hatte, die nur langsam heilen wollte. Seit Lionels Verschwinden war nun fast ein Jahr vergangen.

Meine Karriere als Pianist war, wenn ich das vielleicht unbescheiden, aber dankbar sagen darf, inzwischen sehr erfolgreich verlaufen, es ergab sich, dass ich immer häufiger auch in Paris Konzerte gab. Lange wehrte sich Caroline, so erzählte sie mir, meine Konzerte zu besuchen. Doch eines Tages war das auf Plakaten angekündigte Programm so ganz nach ihren musikalischen Vorlieben, dass sie nicht widerstand. Sie war nachher so aufgewühlt, dass es sie zum Künstlereingang zog, wo sie wartete, dass ich in der Tür erschien. Caroline fühlte sich so klein, dass sie sich wünschte, nicht von mir bemerkt zu werden. Ich war auch schon an ihr vorbei, strebte durch die Menge dem wartenden Wagen zu, als ich sie, wohl gerade weil sie sich so abseits hielt, erblickte und sofort erkannte.

Caroline war, wie sie gestand, ›sprachlos vor Bewunderung für meine Bravour‹, aber auch gerührt durch die aufwallende Erinnerung, das Wiedersehen, und sie brach plötzlich in ein glückliches und gleichzeitig verzweifeltes Weinen aus. Ich umarmte sie tröstend und zog sie fort zu dem Wagen, drängte sie einzusteigen, der Chauffeur schlug die Wagentür zu und beeilte sich, mich vor den immer noch nachdrängenden Fans zu schützen und mir in den Fond zu helfen.

Während des Soupers in einem Restaurant in der Nähe des Étoile wollte ich alles wissen, was ihr seit dem Abend in ihrer Wohnung, als ich mich so dumm benommen hatte, wie ich nun zugeben konnte, widerfahren war. Und Caroline erzählte, etwa so, wie ich es Ihnen eben versucht habe, ihre Geschichte mit Lionel Perrin, dem Klavierstimmer, nach jenem fatalen Abend bis zum bitteren Ende.«

Sascha unterbrach sich und sagte mit einem traurigen Lächeln:

»Ich habe Ihnen wieder nicht die ganze Wahrheit gesagt, denn Caroline hatte mir ein Geständnis gemacht, das mir sehr zu schaffen machte. Sie erinnerte mich an unser erstes und einziges sexuelles Zusammensein in meiner Studentenbude an der Cour de Rome vor so vielen Jahren. Ob ich mich ihrer Worte entsinnen könne, mit denen sie damals um meine ›Seelenfreundschaft‹ geworben und mir die sexuelle Beziehung verweigert habe. Ausgerechnet mit diesem Menschen, diesem windigen Lionel Perrin, habe sie das erfahren, was sie als das körperliche Verlangen bis dahin für sich ausgeschlossen gehalten habe. Selbst das völlig Aussichtslose dieser Beziehung habe sie nicht davor retten können, in eine körperliche Abhängigkeit von dem unwürdigen Klavierstimmer zu geraten, ja, ihm lange Zeit gegen all die warnenden Stimmen ihrer Vernunft, ihrer Erziehung, ihrer Prinzipien zu verfallen. Und sie fragte mich, ob ich ihr das verzeihen könne, ob sie meiner Freundschaft noch würdig sei. Es fiel mir schwer, die brennende Eifersucht auf Monsieur Lionel Perrin, den quälenden Gedanken, dass er sie so besessen, wie ich es erfolglos ersehnt hatte, zu kontrollieren, zu verbergen.

Mir fiel der Flügel ein: ›Der Flügel!‹ rief ich, ›du hast ihn noch?‹ Sie nickte lächelnd, und ich bat: ›Du musst mir den Gefallen tun und mich darauf spielen lassen, als Wiedergutmachung, für dich, nur für dich!‹

Wir verabredeten uns für den nächsten Tag vor der Wohnung in der Avenue Henri Martin. Caroline hatte mich vorgewarnt, in welchem Zustand ich die Wohnung vorfinden würde. Auch dass der Flügel nicht gestimmt sei.

Wir betraten die leeren Räume. Caroline zog im Musikzimmer die Vorhänge auf, öffnete die Fensterläden, entfernte das weißgelbe, staubige Nesseltuch, welches das Instrument bedeckte, und faltete es hastig zusammen. Sie wischte mit einem Zipfel den Staub von dem Klavierhokker, und ich setzte mich, klappte den Tastendeckel hoch, schlug prüfend die ersten Tasten an und erstarrte. Ich stand schnell auf, ging um den Flügel herum, strich prüfend über die Malerei des Gehäuses, roch daran, ging an die Seite des Instruments, hob den großen Deckel hoch, stützte ihn ab und schaute fassungslos in das Innere, nahm den Spannrahmen in Augenschein und konnte nicht glauben, was ich sah.

Caroline hatte mich die ganze Zeit mit wachsender, ahnungsvoller Angst beobachtet. Ich drehte mich nach einer langen Pause zu ihr um und sagte:

›Das ist er nicht! – Das ist nicht dein Flügel! Das hier ist eine ziemlich schlechte Kopie!‹ Caroline war wie erschlagen:

›Wie konnte das möglich sein? Wenn er ihn schon haben wollte, warum hat er ihn nicht einfach gestohlen, wie er viele andere Sachen gestohlen hat?‹

›Warum?‹ antwortete ich. ›Das ist ja das Raffinierte, den Diebstahl des Instruments hättest du dir, wie du selbst gesagt hast, nicht gefallen lassen, du hättest ihn angezeigt. Daher kam er auf die Idee, eine Kopie anfertigen zu lassen, um in aller Ruhe das Original zu Geld machen zu können!‹

Obwohl ich in der folgenden Zeit häufig zu Konzerten herumreiste, kümmerte ich mich um Caroline, so gut ich konnte. Ich erklärte ihr, dass sie sich mit dem Verlust nicht abfinden dürfe. Ich bestand darauf, dass sie die Polizei verständigte, einen Anwalt nahm und Monsieur Lionel

Perrin wegen Diebstahls und Betrugs anzeigte. Ich ließ Nachforschungen über ihn anstellen und erfuhr, nicht ohne Genugtuung, dass er ein der Polizei bekannter Betrüger und Heiratsschwindler war. Der echte Flügel blieb lange verschollen.

Für eine kurze Zeit hatte ich die stille Hoffnung genährt, dass Caroline sich nach ihren enttäuschenden Erfahrungen, die sie mit anderen Männern gemacht hatte, mir doch noch nähern würde, dass ihre Zuneigung und tiefe Freundschaft nicht nur auf unsere gemeinsame Liebe, die Musik, beschränkt bleiben, sondern das ganze Spektrum unserer Existenz, auch den erotischen Teil, umfassen könnte. Ich musste aber bald feststellen, dass Caroline sich jeder noch so behutsamen Annäherung, jeder Zärtlichkeit unzugänglich zeigte. Jede sexuelle Regung schien in ihr erloschen und war mit noch so vorsichtigen Signalen nicht zu beleben. Wann immer ich in Paris weilte, trafen wir uns zum Essen, zu Konzert- und Museumsbesuchen und führten dabei lange Gespräche.

Inzwischen war die Fahndung nach dem verschwundenen Flügel in Gang gekommen. Eines Tages eine heiße Spur. Sie führte zu einem japanischen Industriellen, dem Lionel den Flügel für eine astronomische Summe angeboten hatte und mit dem er handelseinig geworden war. Der größere Teil der Kaufsumme war, wenn der Flügel in Japan eingetroffen sein würde, auf den Bahamas fällig, zahlbar auf das Konto eines Kaufmanns, hinter dem sich niemand anderer als Lionel Perrin verbarg. Der endgültige Abschluss und der Transport des kostbaren Guts erfuhr eine Verzögerung, als sich das Pariser Museum, das Sie ja kennen, für das seltene Instrument interessierte, das zwar mit dem Japaner finanziell nicht mithalten konnte, das aber die Ausfuhr eines solchen so genannten französischen Kulturguts zu verhindern suchte und die entsprechende Behörde einschaltete.

So befand sich der Flügel noch auf französischem Boden, als die Polizei zugriff. Der Japaner wehrte sich heftig gegen die Beschlagnahme des Instruments, schließlich habe er einen Teil des Kaufpreises schon entrichtet, aber er musste einsehen, dass der Flügel als Diebesgut dem ursprünglichen Eigentümer zustand, und das war Caroline. Der betrogene Japaner schwor Rache, aber Monsieur Lionel Perrin war inzwischen über alle Berge, seine Spur verlor sich irgendwo in Südamerika.

Nach einer längeren Konzertreise kehrte ich nach Paris zurück und fand eine Nachricht des Anwalts vor, den ich in Carolines Namen mit den Nachforschungen beauftragt hatte, auf dessen Briefe und Anrufe sie aber nie reagiert hatte. Er teilte mir mit, dass der Flügel sichergestellt sei. Nun wollte ich meinerseits Caroline mit diesem glücklichen Ausgang der Geschichte überraschen. Aber ich konnte sie unter ihrer letzten Adresse in Paris nicht finden. Ich fuhr in die Avenue Henri Martin. Die Fassade des Hauses war von einem Baugerüst entstellt, und die Concierge erzählte mir, dass die Wohnung an einen bekannten Zeitungsverleger verkauft worden war.

Erst einige Zeit später erfuhr ich durch eine Freundin Carolines die Adresse in einem kleinen Ort bei Aix-en-Provence, nicht weit von hier also, sie wusste aber nicht die Telefonnummer. Ich erkundigte mich bei ihren Eltern, aber der Vater war gerade gestorben, und man wollte mir keine Auskunft geben. So fuhr ich eines Tages im Wagen los.

Das Gebäude, das ich antraf, war offensichtlich eine Klinik oder ein Sanatorium, und ich geriet in Sorge um meine Freundin. Ich stellte mir vor, dass sie vielleicht schwer krank sei, und machte mir Vorwürfe, dass ich sie so lange vernachlässigt hatte. Als ich mich anmeldete, ließ man mich längere Zeit warten. Schließlich trat eine Krankenschwester ins Zimmer. Mit einem heiteren Lächeln kam sie mir entgegen: Es war Caroline!

Als ich ihr erzählte, dass der Flügel wiedergefunden sei, freute sie sich, sagte aber gleich, dass sie sich längst entschlossen habe, sollte er wieder auftauchen, ihn dem Pariser Musikmuseum zu überlassen. – Und da steht er nun, wie Sie gesehen haben. Und hoffentlich noch lange.«

Sascha atmete tief ein und wieder aus, und seine Miene bedeutete, dass er mit seiner Erzählung zu Ende war.

Während er aufstand, sagte er noch wie beiläufig:

»Entschuldigen Sie, bitte, die kleine Lüge, gestern Abend verabredet gewesen zu sein. Ich hatte lediglich gehofft, Caroline gestern Abend nach dem Konzert wieder zu sehen. Ich hatte ihr eine Eintrittskarte geschickt. Nachher meldete sich bei mir am Künstlereingang eine Krankenschwester desselben Ordens und stellte sich mir als eine Kollegin und Freundin Carolines aus dem Sanatorium vor. Sie entschuldigte sich dafür, dass sie mit dem für Caroline bestimmten Billet ins Konzert gekommen war, und sie teilte mir mit, dass Caroline vor über sechs Monaten ganz plötzlich und ohne eine Adresse zu hinterlassen abgereist sei.«

Als wir wieder in der Hotelhalle standen, bedankte ich mich bei Sascha für seine Erzählung, vor allem auch für die Zeit, die er mir geopfert hatte. Er sah mich lächelnd an, ich glaubte eine gewisse Verlegenheit bei ihm zu spüren, dass er mich, einen Fremden, mit dieser Geschichte einen so tiefen Blick in sein Inneres hatte tun lassen. Ich hatte ihn eigentlich fragen wollen, ob er mir erlaube, seine Geschichte aufzuschreiben. So aber unterdrückte ich die Frage. Er verabschiedete sich herzlich, wenn auch mit merkwürdiger Eile, von mir.

Ich ging noch einmal hinunter in die Altstadt und suchte in einem der Antiquitätengeschäfte nach einem Geschenk. An der winzigen Place des 3 Ormeaux fand ich schließlich, sicher nicht sehr originell, eine sehr schöne antiquarische Musikgeschichte. Spontan schrieb ich als Widmung auf die erste Seite: »Für Sascha. Danke für die schöne Erzählung!«

Als ich ins Hotel zurückkam, war Sascha abgereist. Er hatte mir zwei seiner letzten CDs beim Portier hinterlassen. Auf eines der Booklets hatte er unter sein Foto geschrieben: »Danke fürs Zuhören! Viel Vergnügen beim Zuhören! Sascha«. Ich habe ihn nicht mehr wieder gesehen.

Vor einiger Zeit besuchte ich das neue moderne Film- und Theaterzentrum im Parc La Villette. Als ich danach auf die Place de la Fontaine aux Lions hinaustrat, fiel mir die eindrucksvolle Architektur der neuen Cité de la Musique auf der anderen Seite des Platzes auf. Ich ging hinüber und betrat das großzügige Gebäude, wie man das neue Haus eines alten Bekannten betritt, fand auch gleich den Eingang zum neuen Musikmuseum. Welch ein Unterschied zum alten Bau in der Rue de Madrid! Freundliche junge Damen geben jedem Besucher einen speziellen Kopfhörer, der automatisch die Instrumente kommentiert, vor denen man Halt macht, und danach ein musikalisches Beispiel von sich gibt. In der weiträumigen architektonischen Anordnung des Museums waren hier die gleichen Instrumente des alten Museums und einige Neuerwerbungen in großen Glaskästen übersichtlich geordnet. Gespannt betrat ich den Saal mit den aufgereihten Clavecins und schaute mich um.

Eigentlich hatte ich ihn gesucht, doch als ich plötzlich vor ihm stand, war ich überwältigt. Mein alter Flügel kam mir noch glänzender und prächtiger vor als beim ersten Mal. Wieder und wieder ging ich um das Instrument herum, bewunderte die Malerei, den Reigen der Putti auf den Seiten, die Schäferszenen auf dem Deckel, die gedrechselte, vergoldete Stange, die ihn stützte, empfand auch so etwas wie stolze Genugtuung, weil ich mehr über seine Geschichte wusste als der Kommentator im Kopfhörer und die übrigen Besucher des Museums.

Ich wollte mich gerade von seinem Anblick trennen, als ich bemerkte, dass die erklärende Inschrift auf dem Schildchen eine kleine Änderung erfahren hatte. Unter der mir bekannten Beschreibung der Geschichte und Herkunft des Instruments las ich in kleinen Buchstaben:

SCHENKUNG VON
Mme CAROLINE BOUVIER-PERRIN UND
M. LIONEL PERRIN, CARACAS

Zeit und Traum

Ich glaube, jeder kleine Junge hat einmal den Traum geträumt, an dessen Ende er die Faust fest um die kostbare, bunte, gläserne Murmel geschlossen hält, ganz sicher, sie aus seinem Traum ins Erwachen gerettet zu haben, und als er die Hand öffnet und sie nicht mehr da ist, bitterlich weint.

Auch in dem Traum, den ich vor kurzem hatte – einer der ganz wenigen, die ich überhaupt nach dem Erwachen erinnere –, wurde mir eine kostbare Erkenntnis vorgegaukelt. Ich wollte sie nicht verlieren.

Mir träumte, ich stehe vor einer großen, ledergepolsterten Tür, klopfe an den schmalen Türrahmen und höre ein fernes, gedämpftes »Avanti!«. Ich trete ein. Es ist das geräumige Büro eines berühmt-berüchtigten italienischen Filmproduzenten. Der kleinwüchsige Mogul reicht mir über die riesige Marmorplatte seines Schreibtischs hinweg mit teuflischem Grinsen ein Dokument. Ich lese darin zu meiner Verwunderung, dass ich probeweise in eine andere Abteilung der Filmbranche versetzt bin und mir eine ruhige Tätigkeit gewährt wird, die ich nicht ablehnen kann. Ich verstehe nicht, will eine Erklärung. Der Produzent winkt mir lächelnd zu, setzt sich in seinen Bürosessel und verschwindet dabei hinter dem Schreibtisch. Ein

Mann kommt herein, ein muskelbepackter Hüne, den ich einmal als Stuntman bei einem Italo-Western kennen gelernt hatte. Der packt mich brutal am Arm und führt mich in den kleinen Vorführraum eines Kinos. Er hilft mir in einen grauen Kittel, zeigt stumm auf die Filmprojektoren, zwei schwarze vorsintflutliche Ungetüme, und lässt mich allein. Sonst gibt es in dem winzigen Raum nur noch einen Holzschemel und an den Wänden einige vergilbte Filmplakate.

Ich wende mich den brummenden Filmprojektoren zu, aus denen eine unerträgliche Hitze strömt. Vor dem Objektiv läuft der gelochte Filmstreifen mit lautem Schnurren durch die Apparatur, der gleißend gebündelte Lichtstrahl der Bogenlampe wirft flimmernde Bilder auf die unendlich weit entfernte Leinwand jenseits des kleinen Fensters, durch das man in den Zuschauerraum des Kinos blicken kann. Von dort dringen die hohl klingenden Stimmen der Schauspieler und eine hin und wieder aufjaulende Musik zu mir herauf. Aber der Film interessiert mich nicht.

Meine Aufmerksamkeit gilt dem Projektor, dem Ablaufen des Filmstreifens, der mit 24 Bildern in der Sekunde an dem Objektiv vorne vorbeirattert und die immer gleichmäßig laufenden Bilder erzeugt. Als wäre es etwas ganz Neues und Faszinierendes, sehe ich, dass die fast volle Abwickeltrommel sich sehr träge bewegt, der Film jedoch vor dem Bildfenster unvermindert rasch vorbeiläuft. Bald dreht sich die Filmrolle schneller und schneller, der Film jedoch wird mit dem gleichen Tempo projiziert.

Plötzlich überflutet mich glückhaft eine Erkenntnis, wie sie Archimedes empfunden haben mochte: Ich entdecke in diesem mechanischen Phänomen – die Relativität der Zeit! Ich hatte es immer schon geahnt, jetzt wird es mir ganz klar: Es gibt zwei Arten von Zeit! Der gleich bleibende Vorgang des Projizierens ist die objektive, messbare Zeit, das sich verändernde, anfangs langsame, dann immer schnellere Drehen der Rolle ist die subjektive, die gelebte, die relative Zeit. Heureka! Einsteins Theorie ist überholt! Klar erscheint meine neue Formel auf dem Film. Sie ist von wunderbarer Einfachheit: Die Zeit ist nicht gebogen, die Zeit ist gespalten, zweigeteilt!

Ich starre gebannt auf die abrollende Filmspule und weiß auf einmal: In dieser relativen Zeit läuft mein Leben ab, und das hier ist mein Leben, der Film meines Lebens! Ich stürze zu der kleinen Glasscheibe, schaue zu der fernen Leinwand im Zuschauerraum hinunter, und tatsächlich: Auf der Leinwand laufen ganz langsam Szenen aus meiner Kindheit ab, tollkühnes Schlittenfahren, taumelnde Stürze in den kalten, nassen Schnee, das sich unablässig drehende Rad der Nähmaschine meiner Mutter, der Schulhof mit den hohen Pappeln, Rohrstockschläge auf die Fingerspitzen, das Knien auf harten Kirchenbänken, die Sirene, die auf dem Gefängnisdach gegenüber mitten in der Nacht aufheult, die Rauchsäule über der brennenden Synagoge am nächsten Morgen. Der Sturz vom Leiterwagen, der Armbruch, der alte lächelnde Arzt, die Narkose, der Arm im Gips. Angstvolle Nächte im Luftschutzkeller, das Pfeifen der Bomben, der Einschlag ins Haus ... Amerikanische Panzer, Wrigley's Spearmint Gum, Lucky Strike ... Der Geruch des Klassenzimmers nach den großen Ferien, die Gesichter der alten Lehrer. Ein Care-Paket aus Amerika mit altmodischen Knickerbocker-Hosen und spitzen Jimmy-Schuhen. Der Spott der Schulkameraden. Ein verlorener Boxkampf. Mädchen, die erste große Liebe …

Jetzt rollt die Filmspule schon schneller ab, die Szenen werden kürzer, vom Schlaf geplagte Vorlesungen an der Uni, Professorenköpfe ziehen vorbei: Bollnow, Holzamer, Wellek, Flemming … Hoover-Schulspeisung, Reisen im überhitzten Zugabteil 3. Klasse, Florenz, die Sklaven Michelangelos, Rom, Paestum, der Ätna im rosaroten Morgenlicht … Die einzige Begegnung mit meinem Vater, sprachlos … Theater, Textangst, Kortnerproben, Brecht auf die Weigel gestützt, die Giehse, Lühr, Domin … Siodmaks schwarze Augen, Bruno Lüdke: Die fünf Erdteile? Det is Osten, Westen, Süden, Norden …

Dann merkwürdig blass, doch immer schneller, fliegen ganze Jahre dahin. Rollen, Masken, Filme, Frauen, wenige gebliebene Gesichter, Brüste, Hände … Reisen in Düsenflugzeugen, Dschungel, Machu Picchu …

Jetzt nähert sich unaufhaltsam das Ende des Films, keine Szenen mehr, nur noch Fetzen, meine Mutter, die immer gebückter geht, kleiner wird, friedlich tot daliegt. Und immer mehr Gesichter verstorbener Freunde: Graf und Everding spielen vierhändig Klavier, Strack unglaublich jung und schlank, mit Weintrauben im Haar, Schubi fotografiert Tote, die wieder leben, reden, lachen und zu tanzenden Schaufensterpuppen werden. Die Rolle dreht sich schneller und schneller, dann enden die Bilder, da ist nur noch ein Stück flimmernder Weißfilm, vielleicht für den verbleibenden Rest gedacht – das bisschen Zukunft nur? Da schlägt schon das Ende des Zelluloids in der leeren Trommel um sich, ich will es verzweifelt fassen: Es kann doch noch nicht das Ende sein! Ich gerate mit der Hand in die sich rasend drehende Trommel, ich werde von ihrer Kraft hoch in den Himmel geschleudert und falle, ich sehe weit unter mir das Meer, ich falle immer tiefer, mit einem Klatschen tauche ich ein in tiefblaues Wasser. Stille. Nur das Blubbern der Luftblasen, die aus meinem Mund perlen. Um mich herum Tausende von kleinen bunten Fischen, die ich berühren kann, ohne dass sie erschreckt davonstieben. Ich schwimme und entdecke verwundert und beglückt, dass ich unter Wasser atmen kann. In der einen Hand halte ich die gerettete kleine Filmrolle mit der Zeitformel, die Einstein widerlegt.

Ich gelange an die Wasseroberfläche und wache auf. Schlaftrunken stehe ich auf, trete ans Fenster, schaue zum wolkenlosen, tiefblauen römischen Morgenhimmel hinauf. Ein schöner, heißer Tag beginnt. Auf der anderen Seite der Straße die düstere Front des Hotels »Cardinal«. Ich blicke ins offene Fenster eines der Hotelzimmer: Ein Mann steht nackt vor einem Spiegel, setzt ein dunkel gelocktes Toupet auf seine Glatze. Er lächelt seinem Spiegelbild zu. Er schaut hoch, bemerkt, dass ich ihn beobachte, und zieht schnell den Vorhang zu. Weiter unten auf der Via Giulia baut ein alter Mann seinen Obststand auf, seine Frau, tief vornübergebeugt, legt glänzend polierte Früchte in langen genauen Reihen auf grüne Weinblätter …

Mario Adorf
Der Dieb von Trastevere

Italienische Geschichten
Gebunden

Lieben Sie Italien? Lieben Sie spannende, verblüffende Geschichten? Dann macht Mario Adorf, der große deutsche Schriftsteller, Ihnen mit diesem Buch ein wirkliches Geschenk. Denn niemand kann so hinreißend über dieses verrückte Land erzählen, über römische Gauner und Carabinieri, über mafiöse Filmregisseure oder schlitzohrige Photographen, über das Leben in kleinen italienischen Badeorten oder in der eleganten Toskana-Metropole Florenz.

Mario Adorf
Der Fenstersturz

Merkwürdige Geschichten
Gebunden

Eine herrliche Sammlung merkwürdiger Geschichten des großen Schauspielers und Erzählers Mario Adorf über berühmte und weniger berühmte Zeitgenossen: Roger Moore, Romy Schneider, Alain Delon, Fritz Kortner, Billy Wilder, Bertold Brecht, Klaus Kinski, Gian Maria Volonté u.v.a.

»Uneitel und gescheit: Der Erzähler Mario Adorf verdient Respekt.« *FAZ*